保育教諭
のための
指導計画と
教育評価

山本 睦 著
Chika Yamamoto

ナカニシヤ出版

はじめに

　保育新制度が施行される前年の平成26年度から，筆者は教員免許状更新講習のなかで「認定こども園の指導計画作成技術を学ぶ」というタイトルの選択講習をおこなっています。年々連携型認定こども園へ移行する園が多くなってくるに従い，かなり遠方からの参加者も増えています。一応55名定員で受付順となっているのですが，初日に120名を超える応募があり，例年他の講習に変更してもらうために事務方に迷惑をかける事態となっています。募集前から電話での問い合わせが増え「来年こども園に移行予定なのでどうしても受講したい」という声があがったので，この機会に講習では扱えない指導計画と対になる教育評価の問題も含めて，演習形式で使えるテキストを用意しようということになりました。その結果，この本は教員免許状更新講習をはじめ市町から要請された研修の内容と，私の所属する大学での講義「幼児教育評価論」の内容を合わせて構成することになりました。

　この本で展開している内容は，基本的な指導計画作成の考え方です。特に「どこから考え始めるか」といった順番についての解説と，指導計画と評価が対応しておこなえるようになるための工夫を紹介しています。なかにワークシートがたくさん含まれていますが，どれも正解はありません。ただ考える手順と具体性の水準を感覚的に分かるようになることのみを意図しています。このようなワークシートに記入する構成を本書で採用した理由は，次のような経験があったからです。民主党政権下で「総合こども園法」が検討されたときから，さまざまな保育現場から依頼を受けて制度の解説をする研修を担当してきました。その関係からか，各種講習や研修のニーズ調査をすると新制度の説明をしてほしいという要望が必ず出てくるので，他の教育学の動向と合わせて解説した本を出版しました（山本，2014c）。この本は学生には自分の卒業論文や

調査発表時に「引用できるし，便利だ」と言われるのですが，実践者には学校教育と一緒になっているので「難しい」と思われてしまうことがありました。しかし，よくよく考えてみると，新制度についての解説を頼まれて話している内容と，本で解説した内容はほぼ同じです。つまり研修では話を聴いて理解されることが，文字媒体になると難しく感じるということなのです。

いくら簡単な解説をしても，「本を読む」という行為だけで伝えたいスキルを理解してもらうことは難しいという見通しを得てから，指導計画の作成技術と教育評価のための工夫をどのようにして感覚的に理解してもらえるかを考えました。解決策として一つは「手を動かす」こと，そして文科省を通じて公表される答申の類，つまり現場に対してネガティブな効果をもたらすと言われる「実践例」とか「解答例」という「縛りを無くすこと」にあるという結論に至りました。そこで今回採りいれたのがこの正解のないワークシートを記入することで，自分の頭のなかを整理してもらう手法です。本文の内容を先取りすれば，このスキルはゴールから逆算する手順を採ります。ゴールは各園あるいは実践者によって異なるので，当然のことながら，ワークシートの課題に対して「これが正解」ということはないのです。ただ園内研修等で活用してもらうと，園としての教育・保育目標の確認，各クラス間の指導計画の体系化，園内での自己評価のルールなどについて職員間で合意形成が図れるようになると考えています。

指導計画の作成が難しいのは，体系化の段階にあります。それは保育者個人の力量によるだけでなく，園内の職員間の関係性が反映されるところにあると思います。卒業した学生がクラスを担当するようになって最初に泣きついてくる原因は，指導計画が立案できないのではなく，「どこをどう直せば正解なのか分からない」というものです。クラスが同じあるいは近い先輩に相談し，昨年度の「見本」を見ながら指導計画を作成したのだが，主任等管理職に提出したら細部の注意をたくさん受け，書き直しと言われた。そこで言われたことを直したら，直したところを

別の先輩に「ここは違う」と言われた。こうやって新卒保育者は，ベテランの間をたらい回しにされるなかで，精神的に〈キツい〉状態になっていきます。こうした指導計画の作成指導時に生じる問題は，指導にあたる職員間で体系化するためのルールが共有されないことにあります。この指導計画が違うことは分かるけど，どこが違うのか，そして何を修正すれば良いのかを決まった方法や手順として説明できるベテランはそう多くはないと思います。またその決まった方法や手順を職員間で共有している園も少ないと思います。少しでもこうしたルールに気づき，共有するきっかけとしてワークシートが役立てばこれほど嬉しいことはありません。

　最後の章で，保幼小連携のためのカリキュラム作成についても説明をしています。ここ数年保育士の退職の調査をしているのですが，新制度の施行と圧倒的な保育士不足によって，資格の問題だけでなく職業アイデンティティ自体が危機を迎えるような事態になっていると感じています。同じように子どもたちの将来を考えるのに，職種の違いから来る〈常識〉の押し付け合いは連携の障害でしかありません。保育者にも教員にもこれまでとは異なる新しいことが要求されていることに目を向けて，ともに保育・教育の営みに携われるような体制をつくることが重要なのではないでしょうか。

　この本が保育者個人のスキルアップだけではなく，さまざまな保育・教育に携わる人たちを結びつけることに貢献できれば，この本の役割を果たすことになると思っています。ぜひ〈仲間〉とこの本を活用してください。

平成 28 年　4 月
ゼミ生たちの喧騒止まない研究室にて
山本　睦

━━━━━ ● ダウンロード資料　ご希望の方へ ● ━━━━━

　本文中に掲載されている下記の表とワークシートは，ダウンロードしてお
使いいただけるファイルがございます。ファイルをご希望の方は，manual@
nakanishiya.co.jp まで，ご氏名，ご所属および本書の書名（『保育教諭のための
指導計画と教育評価』）を明記のうえ，メールにてご連絡ください。ダウンロード
用のアドレスをご案内いたします。

★表
Table1-1 （pp.8-9）

★ワークシート
1-1 （p.10），2-1 （pp.23-25），2-2 （pp.30-33），2-3 の 1，2 （pp.36-37），3-1 （pp.48-49），
3-2 （p.54），3-3 （pp.62-63）

目　　次

はじめに　　i

第1章　新制度と指導計画・・・・・・・・・・・・・・・・・・・・・・・　1
　　(1)　新制度と発達観　　4
　　(2)　指導計画作成を難しくする2つの誤解　　5
　　(3)　教育・保育要領で求められる指導計画とは　　11

第2章　逆向きに考える指導計画の作成・・・・・・・・・・・・・　13
　　(1)　「逆向き設計」を利用した「全体的な計画」作成シート　　16
　　(2)　3歳以上児の長期・短期計画作成の方法　　26
　　(3)　3歳未満児の長期・短期計画作成の方法　　34
　　(4)　指導計画を体系化するコツ　　40

第3章　幼児教育の教育評価・・・・・・・・・・・・・・・・・・　43
　　(1)　保育者がおこなっている評価活動　　46
　　(2)　育てるのはリテラシーだけではない：幼児教育への誤解　　50
　　(3)　自己評価の落とし穴　　52
　　(4)　幼児を対象とした評価法　　55
　　(5)　ポートフォリオ評価法から学ぶ評価システムの作り方　　60

第4章　小学校への移行準備とアプローチ・カリキュラム・・・・・・　65
　　(1)　〈報告〉で示されている指導計画作成上の留意点　　68
　　(2)　アプローチ・カリキュラムを作成するための基盤づくり　　73
　　(3)　保育と教育の繋ぎ目を考える　　78

引用文献　　81／おわりに　　83／索　　引　　85

第1章 新制度と指導計画

平成 24 年 8 月 10 日に子ども・子育て関連 3 法[1]が参議院で可決・成立，22 日に公布され，平成 27 年度からいよいよ本格施行[2]となりました。現状では，4 種類の認定こども園（幼保連携型・幼稚園型・保育所型・地方裁量型）と既存の幼稚園，保育所，小規模保育などの地域型給付の対象となる保育事業，そして認可外の保育・福祉施設が並存しています。そのような状況下で，平成 26 年 4 月 30 日，幼児を対象とした教育・保育の最新の指導要領である幼保連携型認定こども園教育・保育要領（以下，教育・保育要領）が施行されました（内閣府・文科省・厚労省，2014a）。この新しい教育・保育要領に沿って保育を展開しなければならないのは，もちろん幼保連携型認定こども園だけなのですが，おそらく今後の保育に関わる要領や指針の改定はこの要領で示されている方向に進んでいくことが予想されます。

　この教育・保育要領の研修などで聞かれる現場からの声の 1 つに，「これまでの幼稚園教育要領と保育所保育指針とを組み合わせただけ」という意見があります。確かに，次章で紹介する「ねらい及び内容」は，比較してもらえば一目瞭然ですが，幼稚園教育要領で「幼稚園」と示されているところが「幼保連携型認定こども園」と変換されているだけです。このことから，指導計画とは言っても，特に幼稚園の先生は今までどおり「ねらい」を保育目標として作成すればよい，と解釈してしまう危険性があります。

　結論から言ってしまえば，その解釈は誤りです。教育・保育要領をじっくり読んでいただくと分かるのですが，指導計画を作成する際に新しく立案しなければならなくなった「全体的な計画」というのは，クラス担任が作成する長期計画，短期計画のもとになるからです。これまでの

---

　1) 子ども・子育て関連 3 法とは，①子ども・子育て支援法，②認定こども園法（就学前の子どもに関する教育，保育等の総合的な提供の推進に関する法律の一部を改正する法律），③子ども・子育て支援法及び就学前の子どもに関する教育，保育等の総合的な提供の推進に関する法律の一部を改正する法律の施行に伴う関係法律の整備等に関する法律，の 3 つを指す（平成 24 年法律第 65, 66, 67 号）。

　2) 子ども・子育て関連 3 法がもたらす変化については，拙著「認定こども園政策と保育者のキャリア支援」山本睦・前田晶子・古屋恵太（編）『教師を支える研修読本』（2014, ナカニシヤ出版．pp.55-70.）を参照。

長期・短期計画のように，クラスのなかでねらいが体系化されていればよいのではなく，園全体で体系化する必要があるということです。まず園の0〜6歳までの保育の道筋があり，各クラスの計画はその一部を担うのです。ですから，「園全体のねらいに対して，どこまで達成するのか」という視点で各クラスの計画は立案されなければなりません。

（1）新制度と発達観

　さらに，子どもの発達の捉え方についても，特に保育所保育指針とは大きく変わっています。これまで保育指針のなかでは，発達過程を6か月未満から6歳までの年齢による8つの区分を設け，各時期区分になると○○が「できる」「するようになる」といった記述で説明されていました。これは，ゲゼル（Gesell, A.）に代表されるような成熟優位説の立場と馴染みが良い発達観です。成熟優位説では，発達は発生の出発点において，遺伝子によりあらかじめ決定されていると考えます。したがって，ある年齢を迎えると遺伝子に刻み込まれている機能が花開くという「○歳になると○○ができるようになる／するようになる」という記述と合致するのです。しかし，今回の教育・保育要領では発達を過程として捉えるというよりも，発達の方向性を強く打ち出しています。それは「依存から自立へ」という方向性です。この依存から自立へという言葉から連想されるのは，「今日は一人でできない」ので教師のもとで協同的条件において為しうる水準と，「明日は独りでできる」つまり子どもが独力で為しうる水準との隔たりを最近接領域と名づけた（神谷, 2007）ヴィゴツキー（Vygotsky, L. S.）の理論です。また，平成26年12月に出された『幼保連携型認定こども園教育・保育要領解説』（以下『解説』；内閣府・文科省・厚労省, 2014b）では先の8時期区分ごとの特徴も採用しつつ，次のような相互作用説の立場を打ち出しています。

　　「人は生まれながらにして，自然に成長していく力と同時に，周囲

の環境に対して自分から能動的に働き掛けようとする力を持っている。自然な心身の成長に伴い，人がこのように能動性を発揮して環境とかかわり合う中で，生活に必要な能力や態度などを獲得していく過程を発達と考えることができよう。」(p.11)

　幼児期は環境との相互作用を通じ教育をおこなっていくのですから，人が環境との相互作用によって意味を構成していくというヴィゴツキーやピアジェ（Piaget, J.）に代表される構成主義の発達観と非常に馴染みが良く，また第3章で紹介するポートフォリオ評価法も構成主義を前提としています。構成主義の発達観の大きな特徴は，年齢が上がるごとにさまざまな機能が高次化していくというものですが，先の成熟優位説の立場と何が異なるのかといえば，その高次化に教育的介入が必要であると考えられていることです。つまり，活動の環境を設定し後は見守るだけではなく，子どもが実際は「そうせざるを得ない」のかもしれないが「自分がそうすることを選んだ」と思えるような環境構成上の工夫が必要となるのです。そのためには，より具体性をもった指導計画を作成しなくてはなりません。

　例えば先の「依存から自立へ」という方向性を指導計画に反映させるためには，実施する活動に対して教諭がどこまで援助するかという視点から複数のステップを考案することになります。この複数のステップを設けることで，教諭の子どもに対する役割と，子どもの活動における役割が変化していくことを促すことになるのです。

(2) 指導計画作成を難しくする 2 つの誤解

　クラス担任を経験した教諭ならば，長期計画（年次計画，学期計画）と短期計画（週案，日案）の作成に取り組んだことがあるはずです。以前，私のゼミの卒業生が勤め始めて 3 年目のときに次のようなことを言ってきました。

「もう3年目になって，指導計画とか書くのもつまらない。5月になったら鯉のぼり作って，7月になったら七夕飾り作って……ってみんな決まってる。ただ毎年それを繰り返しているだけ。」

私がこの卒業生に対して，話した内容は次の3点でした。

①あなたの園の教育目標は何ですか。
②卒園するまでに教育目標を達成するためには，年少，年中の終わりまでに具体的に何ができていないと困りますか。
③年少，年中，年長で同じ活動に対して，何を変えれば園の教育目標を反映させたステップになりますか。

彼女の園の教育目標は「自分のことは自分で決める」でした。私の質問に対して園の状況を交えて話しながら考えた結果，彼女は5月の鯉のぼり作りに関して，次のような具体的な活動内容を考案することができました。

年少：ワークブックにある鯉のぼりの型紙を枠線に沿って切り取り，色鉛筆で好きな色に塗る。

年中：画用紙を用意して鯉のぼりのデザインをおこなう。自分で描いた鯉のぼりを切り抜き，好きな画材（クレヨン，色鉛筆，水性絵具，油性マジック等）を選んで好きな色に塗る。

年長：家庭から鯉のぼりの製作に使いたい素材を選んで持参させる。布，紙，ビニール等もち寄った素材の違いにより接着方法と彩色に使える画材が異なることを理解するために，試行錯誤する時間を設けた後，自分で選んだ素材で鯉のぼりを製作する。

このように，子どもの自己決定できる範囲を段階的に拡張するなかで，「水を弾く」「くっつかない」など科学的思考の基礎につながる体験を採りいれることも可能になっていきました。鯉のぼり製作という活動に対して，園の教育目標に合致したステップを作り上げることが指導計

画作成のポイントになるのです。

先の例と同じく，クラス担任が指導計画作成に難しさを感じる要因として行事の問題がよく挙げられます。自分のクラスの重点目標を決めていても，園内の行事日程が決まっているため，その準備に振り回され，重点目標の達成を目指す活動が組み込めない，というものです。

確かに行事は，次から次へと実施される，保護者の評価は気になる，みんなで一斉に同じことに取り組む集団活動に乗っていける子どもも少なくなっている，といったことがクラス担任への圧力となり，その準備は大きな負担となっています。ここで発想を切り替えてみる必要があるのではないでしょうか。次のワークシート 1-1（p.10）は学生に対しては「教職実践演習」のなかで，現職保育者に対しては「教員免許状更新講習」のなかで少しずつ内容を変えながら取り組んでもらっているものです。自分の職場経験，実習経験などをもとに，Table1-1「幼保連携型認定こども園教育・保育要領 5領域ごとのねらいと内容」を見ながら作成してください。どのような内容であっても不正解にはなりません。

ワークシートを作成する作業を通して次の3点に気づくと，「同じ活動の繰り返し」「行事があるので重点目標の達成は難しい」という指導計画作成上の2つの誤解を乗り越えることができると思います。

ワークシート 1-1 のねらい

❶活動や行事は，工夫さえできればどのような領域やねらいの内容もあてはめることができることを理解する。

❷自分のクラスの重点目標に沿う形で，活動や行事の準備段階，実施段階を見直してみる。

❸直接的な環境構成だけでなく，活動の順番，子どもたちのグルーピング，声かけの内容とタイミング，教諭同士の連携方法なども工夫の対象となることに気づく。

Table1-1 幼保連携型認定こども園教育・保育要領 5領域ごとのねらいと内容 （ダウンロード用ファイルあり，p.iv 参照）

健康	人間関係	環境	言葉	表現
1 ねらい	1 ねらい	1 ねらい	1 ねらい	1 ねらい
(1) 明るく伸び伸びと行動し、充実感を味わう。	(1) 幼保連携型認定こども園の生活を楽しみ、自分の力で行動することの充実感を味わう。	(1) 身近な環境に親しみ、自然と触れ合うなかで様々な事象に興味や関心をもつ。	(1) 自分の気持ちを言葉で表現する楽しさを味わう。	(1) いろいろなものの美しさなどに対する豊かな感性を持つ。
(2) 自分の体を十分に動かし、進んで運動しようとする。	(2) 身近な人と親しみ、かかわりを深め、工夫したり、協力したりして一緒に活動する楽しさを味わい、愛情や信頼感をもつ。	(2) 身近な環境に自分から関わり、発見を楽しんだり、考えたり、それを生活に取り入れようとする。	(2) 人の言葉や話などをよく聞き、自分の経験したことや考えたことを話し、伝え合う喜びを味わう。	(2) 感じたことや考えたことを自分なりに表現して楽しむ。
(3) 健康、安全な生活に必要な習慣や態度を身につける。	(3) 社会生活における望ましい習慣や態度を身につける。	(3) 身近な事象を見たり、考えたり、扱ったりするなかで、物の性質や数量、文字などに対する感覚を豊かにする。	(3) 日常生活に必要な言葉が分かるようになるとともに、絵本や物語などに親しみ、言葉に対する感覚を豊かにし、保育教諭等や友達と心を通わせる。	(3) 生活のなかでイメージを豊かにし、様々な表現を楽しむ。
2 内容	2 内容	2 内容	2 内容	2 内容
(1) 保育教諭等や友達と触れ合い、安定感をもって行動する。	(1) 保育教諭等や友達と共に過ごすことの喜びを味わう。	(1) 自然に触れて生活し、その大きさ、美しさ、不思議さなどに気付く。	(1) 保育教諭等や友達の言葉や話に興味や関心を持ち、親しみをもって聞いたり、話したりする。	(1) 生活の中で様々な音、色、形、手触り、動きなどに気付いたり、感じたりするなどして楽しむ。
(2) いろいろな遊びのなかで十分に体を動かす。	(2) 自分で考え、自分で行動する。	(2) 生活の中で、様々な物に触れ、その性質や仕組みに興味や関心をもつ。	(2) したり、見たり、聞いたり、感じたり、考えたりなどしたことを自分なりに言葉で表現する。	(2) 生活のなかやいしいもので美しいものや心を動かす出来事に触れ、イメージを豊かにする。
(3) 進んで戸外で遊ぶ。	(3) 自分でできることは自分でする。	(3) 季節により自然や人間の生活に変化のあることに気付く。	(3) したいこと、してほしいことを言葉で表現したり、分からないことを尋ねたりする。	(3) 様々な出来事の中で、感動したことを伝え合う楽しさを味わう。
(4) 様々な活動に親しみ、楽しんで取り組む。	(4) いろいろな遊びを楽しみながら物事をやり遂げようとする気持ちを持つ。	(4) 自然などの身近な事象に関心をもち、取り入れて遊ぶ。		
(5) 保育教諭等や友達と食べることを楽しみ、食べ物への興味や関心をもつ。				

（2）指導計画作成を難しくする2つの誤解　9

健康	人間関係	環境	言葉	表現
(6) 健康な生活のリズムを身につける。	(5) 友達と積極的にかかわりながら喜びや悲しみを共感し合う。	(5) 身近な動植物に親しみをもって接し、生命の尊さに気付き、いたわったり、大切にしたりする。	(4) 人の話を注意して聞き、相手にわかるように話す。	(4) 感じたこと、考えたことなどを音や動きなどで表現したり、自由にかいたりつくったりする。
(7) 身の回りを清潔にし、衣服の着脱、食事、排泄などの生活に必要な活動を自分でする。	(6) 自分の思ったことを相手に伝え、相手の思っていることに気付く。	(6) 日常生活のなかで、わが国や地域社会における様々な文化や伝統に親しむ。	(5) 生活の中で必要な言葉が分かり、使う。	(5) いろいろな素材に親しみ、工夫して遊ぶ。
(8) 幼保連携型認定こども園における生活の仕方を知り、自分たちで生活の場を整えながら見通しをもって行動する。	(7) 友達のよさに気付き、一緒に活動する楽しさを味わう。	(7) 身近な物を大切にする。	(6) 親しみをもって日常の挨拶をする。	(6) 音楽に親しみ、歌をうたったり、簡単なリズム楽器を使ったりなどする楽しさを味わう。
(9) 自分の健康に関心をもち、病気の予防などに必要な活動を進んで行なう。	(8) 友達と楽しく活動するなかで、共通の目的を見いだし、工夫したり、協力したりなどする。	(8) 身近な物や遊具に興味をもってかかわり、自分なりに比べたり、関連づけたりしながら考えたり、試したりして工夫して遊ぶ。	(7) 生活のなかで言葉の楽しさや美しさに気づく。	(7) かいたり、つくったりすることを楽しみ、遊びに使ったり、飾ったりなどする。
(10) 危険な場所、危険な遊び方、災害時などの行動の仕方が分かり、安全に気付けて行動する。	(9) よいことや悪いことがあることに気付き、考えながら行動する。	(9) 日常生活のなかで数量や図形などに関心をもつ。	(8) いろいろな体験を通じてイメージや言葉を豊かにする。	(8) 自分のイメージを動きや言葉などで表現したり、演じて遊んだりするなどの楽しさを味わう。
	(10) 友達とのかかわりを深め、思いやりをもつ。	(10) 日常生活のなかで簡単な標識や文字などに関心をもつ。	(9) 絵本や物語などに親しみ、興味をもって聞き、想像をする楽しさを味わう。	
	(11) 友達と楽しく生活するなかで、きまりの大切さに気付き、守ろうとする。	(11) 生活に関係の深い情報や施設などに興味や関心をもつ。	(10) 日常生活のなかで、文字などで伝える喜びや楽しさを味わう。	
	(12) 共同の遊具や用具を大切にし、みんなで使う。	(12) 幼保連携型認定こども園内外の行事において国旗に親しむ。		
	(13) 高齢者をはじめ地域の人々など自分の生活に関係の深いいろいろな人に親しみをもつ。			

10 第1章 新制度と指導計画

【**ワークシート 1-1**】（ダウンロード用ファイルあり，p.iv 参照）

ねらいと活動，行事の対応を考える

1. 次の活動のなかで設定可能な「ねらいの内容」はどれでしょうか。

・帰りの身支度

年齢	工夫した内容	領域	ねらいの内容
3歳児			
4歳児			
5歳児			

2. 次の行事に含まれる「ねらいの内容」はどれでしょうか。

・芋煮会　年長が自分たちで育てた里芋を収穫し，泥を洗い落とし，皮を剥くお手伝いをする。最後に調理師さんが作ってくれた芋煮をみんなで味わう。

前提となる工夫（環境構成含む）	領域	ねらいの内容

（3）教育・保育要領で求められる指導計画とは

　今回の教育・保育要領のなかで指導計画に関する大きな変更点は，「全体的な計画」の作成にあります。「全体的な計画」とは入園から修了までの在園期間の全体にわたって，こども園の目的・目標をどのように達成するのかを表すものであり，具体的な指導の順序や方法などを定める指導計画を立てる際の骨組みとなるものです。園長の責任のもと，各クラス担当教諭が情報提供をお互いにしながら，話し合って決めていきます。園の地域性や人的・物的条件などを反映させて，各園の特色を生かした計画を作らなければなりません。

　ここで『解説』に書かれている「全体的な計画」についての「具体的な作成の手順について（参考例）」を要約して引いてみましょう。

①作成に必要な基礎的事項についての理解を図る。

　関係法令，要領，指針などの内容，乳幼児期から児童期への発達について園内で共通理解を図る。園と地域の実態，園児の発達の実情，社会の要請，保護者ニーズ等を把握する。

②各幼保連携型認定こども園における教育および保育の目標に関する理解を図る。

　現在の課題，期待する園児像などを明確にして，目標について理解を深める。

③園児の発達の過程を見通す。

　発達の節目を探して長期的な発達を見通す。また目標達成の過程をおよそ予測する。

④具体的なねらいと内容を組織する。

　園児の生活経験や発達の過程等を考慮して，園生活全体を通じてTable1-1 の 5 領域の事項が達成されるようにする。

⑤教育及び保育の内容に関する全体的な計画を実施した結果を反省，評価し，次の作成に生かす。

指導計画と自己評価の関係性については，第3章で説明します。ここで気づいていただきたいのは，①から③まで，つまり全体的な計画の作成に入るまでの過程が重要であり，教諭間・職員間の共通理解を図ることが必要であることです。ところが実際にはこの①から③までの過程を飛ばしているケースが多々あるようです。幼保連携型認定こども園への移行が決定していたある公立園で副園長と話したところ，「全体的な計画」の作成そのものについても全く知らされることなく，後日確認したところ，それは園長会内のプロジェクトでのみ作成されていました。そのような状況で作られた「全体的な計画」がクラス担任におりてきたところで，指導計画に反映させることは非常に難しいと思います。研修や会議をフル活用して，園内全職員が教育および保育の目標が決まっていく過程を共有することが大事だと思います。その過程を経てこそ，各クラスの重点目標が決まっていき，園生活のなかの活動や行事で何を達成したいのか，そのためにどこに工夫をするのかといったアイディアが生まれるのです。アイディアは何も枠がないところでは決して生まれません。「全体的な計画」を枠とすることで，各クラスの体系的な指導計画が作成できるのではないでしょうか。

第2章 逆向きに考える指導計画の作成

第1章で述べたように，教育・保育要領では，「全体的な計画」，そして長期計画，短期計画の大きく分けて3種類の指導計画の作成が求められています。小学校以上の指導計画は，基本的に学習指導要領（ナショナル・カリキュラム）が定められているので，いつ，何を学ぶのかといった学年と単元の対応が明らかです。それに対して Table1-1 で確認してもらったように，教育・保育要領には学年も単元もありません。そして，この時期の子どもたちは個人差も大きく，また1年間で急速に発達する乳幼児を対象に計画を考えなければならないので，保育者は「見通す力」と「頭のなかにある見通しをうまく表現する力」が求められます。通常クラス担任になった先生たちは，その年度の4月から順番に計画を立てていきます。まずその月の行事を記入し，準備期間を考え，何となくそれにあった月の「ねらい」を設定する，そして4, 5, 6, 7月まで進んだら，まとめてその期の目標にする，最後に各期をまとめて年度の目標を決めるといった手順を採る人が多いと思います。多少順番は異なっても，「今，目の前にある子ども」を最初の手がかりに，時間経過とともに順々に見通しを立てていくという手順で計画されているのではないでしょうか。現場の先生と指導計画について話していくなかで，指導計画が毎年同じことの繰り返しになってしまう，ねらいが散逸してしまう，単なる作文になってしまう，段階になっていないといった指導計画作成時に生じるさまざまな問題，つまり指導計画の体系化が難しいのはこの手順によるところが大きいと筆者は気づきました。それを克服するには，手順を変えるしかありません。

　ここで「全体的な計画」は各クラス担任が作成する指導計画のもとになる，と説明したことを思い出してください。「全体的な計画」は入園から卒園までの見取り図となります。したがってその園の保育目標や教育目標（ホームページ等で公表されています）が最終ゴールとなるのです。ところが実際の保育目標・教育目標というのは例えばこのような形で表現されています。

- おもいやりのある子に（協調性・社会性）
- じょうぶなからだに（健全な心身）
- やる気のある子に（自主自立の態度・意欲の表現）
- よく考える子に（判断力・思考力・創造性）

　これほどたくさんの最終ゴールがあり，またそこに具体性をもたせつつ目指していくのは本当に大変です。しかし現場の研修と学生に教育評価を教えていく過程で，指導計画で大事なのは，まずこの最終ゴールをしっかり把握して，そこから計画していくという手順ではないかと気づきました。つまり，「今，目の前の子ども」から出発するのではなくて，最終ゴールから逆算して設計するということです。「全体的な計画」は「卒園までに子どもはこのように育てます」という見取り図なので，卒園を迎えた子どもが「このように」育ったか育っていないかは最終的な園の教育・保育力の評価基準になるのではないでしょうか。

　こうした「評価」から考える指導計画に関する理論として，西岡（2005, 2008, 2013）が紹介しているウィギンズとマクタイによる「逆向き設計」（ウィギンズ・マクタイ，2012/Wiggins & McTighe, 2005; McTighe & Wiggins, 2013）論があります。これはオープンエンド（唯一の正解を導くものではない）で思考を刺激するものであり，他の文脈にも活用できるなどの特徴をもつ「本質的な問い」を中心とした授業実践の方法です。学校教育における実践の設計論なので，全く同じように乳幼児を対象とした保育・教育にもち込むことは困難です。しかし，「逆向き」という手順は，指導計画の体系化に欠かせないものであると筆者は考えています。

(1)「逆向き設計」を利用した「全体的な計画」作成シート

　ここで西岡（2005）による「逆向き設計」論の3つの段階を紹介します。「逆向き設計」論とは，教育によって最終的にもたらされる結果か

ら遡って教育を設計する点と，普通は指導後に考えられがちな評価を先に構想する点から「逆向き」な設計とよばれています。「逆向き設計」論は，設計の第1段階を「求められている結果を明確にする」（目標論），第2段階を「承認できる証拠を決定する」（学力評価論），第3段階を「学習経験と指導を計画する」（指導過程と学習形態論）とする3段階で考えられています。このうち，第2段階「承認できる証拠を決定する」に関しては，第3章の「(5) ポートフォリオ評価法から学ぶ評価システムの作り方」で体験できることになっています。また，第3段階はこの章で具体的に長期・短期計画を作成するなかで，みなさんが考える対象となります。ここでは，第1段階の「求められている結果を明確にする」ことと，そこから遡って設計するという手順を採りいれたいと思います。

　資料2-1（pp.19-21）を見てください。これは先ほどのよくある園の教育・保育目標からどのように「全体的な計画」を作成していくのかの手順を示したものです。まず教育・保育要領に書かれている大きな目標「生きる力の基礎となる心情，意欲，態度」が，育てなければならない教育・保育の対象であることを確認してください。次に，先ほどの園の教育・保育目標を記入します。これが1つの場合は良いのですが，このように複数あるいはあらゆる内容が含まれてしまうような場合には，園の職員が協力して「現在，もっとも重要としている内容」を1つに絞る作業をしてください。ここでは仮に「やる気のある子に」を採用したとします。次に，1つに絞った教育・保育目標が達成されると，子どもは「何ができる」ようになるのか，また子どもに「何が見られる」ようになるのか，もう一段階具体的な記述を作成してください（この作業がなぜ大事なのかは，第3章のワークシート3-2を通じて改めて説明します）。これが園の卒園時には「このように育っています」というあなたの到達目標となります。ここでの具体化がうまくいっていれば，次のタイム・スケジュールを考えることがとても楽になります。

　いよいよ「いつ」と「どこまでを目指すのか」といったタイム・スケジュール（pp.20-21）を考えます。まず考えるのは年度末の欄です。年

長の年度末（A）には先に決めた到達目標を記入します。そこから，年中，年少，2歳……と遡って各クラスの年度末の目標を段階的に設定します。次にその年度末までに達成する到達目標を，次年度の先頭にそのまま転記します。すると，年度はじめにスタートする水準と年度末の到達目標の間を埋めるように，1, 2, 3と3段階に分けて，発達の道筋を考えれば良いことになります。これを0歳から卒園まで繰り返し考えていくことで，各期の目標を1つのゴールに向かって体系的に設定することが可能になります。

　研修では，この例のなかのいくつかが空白になっている用紙を用意して，空白を埋める作業をしてもらうのですが，参加者からよく聞かれるのが「頭のなかにはイメージがあるのだけれど，言葉が出てこない / 言葉にならない」という意見です。確かにベテランの先生ともなれば，1年を通じた子どもの姿を何ケースも思い浮かべられるはずです。その思い浮かんだイメージから段階を表すように，言葉を選んで表現することは非常に難しく感じられるかもしれません。この問題を克服するためには，2つの方法があります。1つは，さまざまな指導計画作成のための本のなかで使用されている表現に着目して，語彙を増やすトレーニングをすることです。これは個人でもできる方法です。2つ目の方法は，職員が集まって一緒に考えることです。園内研修の時間に実施するなどして，いわゆるブレイン・ストーミングをおこなう場を設けるのです。往々にして，ベテランは見通しのイメージは豊富であり，優秀な若手は語彙が豊富です（優秀とは言い難い若手の場合，どちらも不得手です）。この両者がお互い協力して良い計画を作ろうとすれば，必ず園の「全体的な計画」は体系化され，かつ具体性をもったものになるはずです。

　それでは空白のワークシート（ワークシート2-1）を使って，自分の園の教育・保育目標に合わせて「全体的な計画」を作成してみてください。

（1）「逆向き設計」を利用した「全体的な計画」作成シート　　**19**

【資料 2-1】

逆向きで考える「全体的な計画」作成シート

** 育てなければならないのは，生きる力の基礎となる **心情，意欲，態度！**

1. あなたの園の教育目標を記入してください。

・おもいやりのある子に（協調性・社会性）
・じょうぶなからだに（健全な心身）
・やる気のある子に（自主自立の態度・意欲の表現）
・よく考える子に（判断力・思考力・創造性）

2. もっとも重要としている内容を 1 つ挙げ，それが達成されると「何ができる」「何が見られる」といった具体的な行動内容を考えて記入して下さい。

・やる気のある子に
　①自分のことは自分で決める
　②やりたいことには積極的に手を挙げる
　③課題は最後までやりとげる

* これがあなたの到達目標になります。6 歳卒園児に達成可能な内容ですか？　何も働きかけなくても自然にできてしまう内容になっていませんか？

20 第 2 章　逆向きに考える指導計画の作成

3. タイム・スケジュール（いつまでに何をする／何が可能に

		⇦	
5歳　年長	**B.** 自分で何がやりたいかを判断し，選ぶことができる	**A3** 集団のなかで自分の役割を積極的に見つける	
		⇦	
4歳　年中	**C.** 遊びの輪のなかに積極的に加わる	**B3** トラブルが生じても，自分の意思を伝え遊びを続ける	
		⇦	
3歳　年少	**D.** 自分で楽しめる遊びを見つける	**C3** 自分のしたい遊びが見つけられるようになる	夏休み
		⇦	
2歳	**E.** 興味のあるものに行動および言動で関心を示す	**D3** 関心を示したものを自分のほうに引き寄せて遊ぶ	
		⇦	
1歳	**F.** 興味を引いたものに，手を伸ばす，移動する	**E3** 保育者の関心を引くためにことばをかける	
		⇦	
0歳		入園	

* 手順は A に転記後，B▶C▶D……と年度末の到達目標を記
C, D……も同様に作成する。

(1)「逆向き設計」を利用した「全体的な計画」作成シート　21

なる）を上から順に完成させましょう。

年度末

A2 責任をもって自分の役割を最後まで果たそうとする	A1 複数の選択肢を考えだすことができ，適切な選択ができる	2. の内容＝ A. ①自分のことは自分で決める　②やりたいことには積極的に手を挙げる　③課題は最後までやりとげる
B2 自分なりの遊びの目的をもち達成しようとする	B1 自分の好きなことや得意なことがわかる	B. 自分で何がやりたいかを判断し，選ぶことができる
C2 自分のしたいことを意欲的に伝えようとする	C1 友達と1対1で，道具をやり取りしながら遊ぶ	C. 遊びの輪の中に積極的に加わる
D2 何日も同じ遊びを続ける	D1 道具の違う使い方や遊び方をやってみる	D. 自分で楽しめる遊びを見つける
E2 対象を指差し，近づき，確かめた後，他者に渡す	E1 「ぶーぶ，とって」など2語文が言え，物を媒介にして他者に向かって発話できる	E. 興味のあるものに行動および言動で関心を示す
F2 目で何かを追ったり，四肢を活発に動かす	F1 共同注視ができ，物をつかもうとする	F. 興味を引いたものに，手を伸ばす，移動する

冬休み

入。次に左端の B, C, D……に転記後，A1▶A2▶A3 を作成する。以下，B,

ワークシート 2-1 のねらい

❶園の教育・保育目標が「全体的な計画」のスタートになる。
❷卒園児に園の教育・保育目標が達成されているならば，各年齢の年度末には何が達成されるのかを考える。
❸各年齢とも年度末から遡って，計画を立案する。

(1)「逆向き設計」を利用した「全体的な計画」作成シート　　**23**

【ワークシート 2-1】（ダウンロード用ファイルあり．p.iv 参照）

逆向きで考える「全体的な計画」作成シート

** 育てなければならないのは，生きる力の基礎となる **心情，意欲，態度！**

1. あなたの園の教育目標を記入してください。

2. もっとも重要としている内容を 1 つ挙げ，それが達成されると「何ができる」「何が見られる」といった具体的な行動内容を考えて記入して下さい。

* これがあなたの到達目標になります。6 歳卒園児に達成可能な内容ですか？　何も働きかけなくても自然にできてしまう内容になっていませんか？

24 ・ 第2章 逆向きに考える指導計画の作成

3. タイム・スケジュール（いつまでに何をする／何が可能に

5歳 年長	B.	A3
4歳 年中	C.	B3
3歳 年少	D.	C3
2歳	E.	D3
1歳	F.	E3
0歳		入園

夏休み

＊手順は A に転記後，B▶C▶D……と年度末の到達目標を記
C, D……も同様に作成する。

(1)「逆向き設計」を利用した「全体的な計画」作成シート　25

なる）を上から順に完成させましょう。

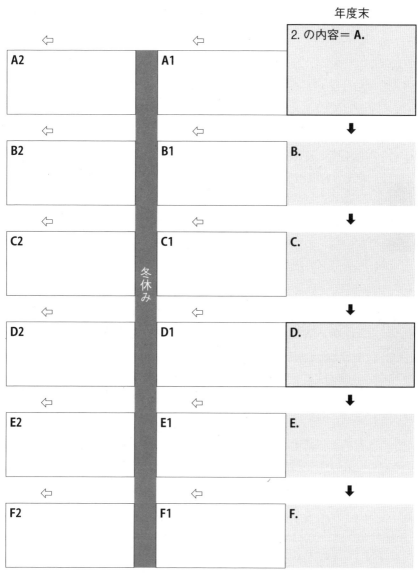

入。次に左端のB, C, D……に転記後, A1▶A2▶A3を作成する。以下, B,

26 第2章　逆向きに考える指導計画の作成

（2）3歳以上児の長期・短期計画作成の方法

　次に全体的な計画から，各クラス担任が考案する長期・短期計画の作成に移ります。ここでいう長期計画とは，年次計画や学期計画のような比較的長期間の計画を指します。それに対し短期計画とは，週案や日案といった毎日確認するような具体的な計画を指します。それぞれの書式は各園で使用しているものがあると思いますので，ここでは考え方だけ練習したいと思います。ワークシート2-2（pp.30-33）を見てください。ここでは年長児の（2月を中心とした）3学期の学期計画と各週案の作成を例にして，手順を追って説明していきます。

　手順1；「全体的な計画」から年長部分を抜粋する。そのなかで，3学期の目標を確認する。
　☞A1 複数の選択肢を考えだすことができ，適切な選択ができる

　手順2；抜粋した内容に沿って，ゴールから逆向きにあらすじを考え，各月間目標を設定する。
　☞あらすじとは，抜粋した内容に含まれる要素をどう配列するか，つまりどういう「流れ」にするかということです。この場合「選択肢を広げる経験」と「自分で判断して選択する」という2つのテーマがあるので，それぞれを各月でどのように組み込むかということになります。ここでは3月に「選択」のテーマを割り振り，1月と2月は仲間との関わり合いのなかで多様性に気づき「選択肢」を広げていくことを，生活や遊びといった具体的な場面での気づきから友達の個性の気づきへと段階的に設定しています。
　3月　就学への自覚と喜びをもち，自分の決めたことに自信をもって行動する
　2月　友達の存在や力を認め，自己と向き合いながら自分の世界を広げていく

（2）3歳以上児の長期・短期計画作成の方法　　27

　　1月　仲間と生活の仕方や遊び方を提案し合い，工夫して積極的に
　　　　　生活を楽しむ

　手順3；行事と主な活動，各月の目標に到達するための工夫（環境構
成）を書き出す。また，週案や日案のために，配慮が必要な子どもと対
応を具体的に記入しておく。
　☞各月間目標と行事を念頭に，2の主な活動と到達のための環境構成
の欄（①～④）を埋めてみましょう。実際に自分がクラス運営のなかで
おこなっていることを記入してみるとよいかもしれません。ここまで
で，期ごとの長期計画は立案できました。「逆向き」に設計するので，年
度当初であっても「全体的な計画」と園の行事予定があれば，「配慮が必
要な子どもと対応」以外の欄は記入できるのではないでしょうか。「配
慮が必要な子どもと対応」については，個々の子どもに関する情報の蓄
積が必要なので，前月の月末など次月の短期計画を準備する段階で記入
すると効率的に作成ができます。
　次に2月を例にして，週案への落とし込み方を見てみましょう。

　手順4；学期計画から2月の月間目標を抜粋する。
　☞友だちの存在や力を認め，自己と向き合いながら自分の世界を広げ
ていく

　手順5；行事・活動を具体的に記入する。

　手順6；行事・活動と月間目標をすり合わせて各週の活動目標（作業
の目標；この週はこれを仕上げる）を具体的に設定する。その際，行事
の準備・本番のなかで月間目標の到達にあたる週（活動のピーク）を考
える。
　☞この例では第3週「祝う会の準備　友達の役割・パートを理解す
る」となります。このように，行事の成果である発表時ではなく，準備

28   第2章　逆向きに考える指導計画の作成

段階にピークが設定される場合もあります。

　手順7；各週の活動目標が教育・保育要領のねらいの内容のどれに該当するのかを書き出しておく。
　☞行事・活動から具体的に設定した活動目標であっても，教育・保育要領のねらいの内容に対応していることを明示します。

　手順8；該当するねらいの内容と活動目標から，週のねらいを考案する。
　☞活動目標の具体性を活かしながら，第1, 2, 4週の「週のねらい」を考えてみましょう。

　手順9；長期目標に書き足した「配慮が必要な子どもと対応」を参考にしながら，配慮事項を記入する。
　☞現状の子どもの様子に沿いつつクラス全体を対象とした工夫と，その工夫による困難が生じるケース（例のように失敗経験を持つ子どもへの配慮等）も想定して対応を考えておきましょう。

　このような手順で作成することが理解できたら，ワークシート2-2の3の空白部分（①～④）を埋める作業をしてみてください。自分の経験から答えが考えつかない場合は，同僚と一緒に考えてみてください。

(2) 3歳以上児の長期・短期計画作成の方法　29

ワークシート 2-2 のねらい

❶「全体的な計画」から長期計画→短期計画と「逆向き」に考える。
❷活動のピークを決めて，テーマに沿ってあらすじを考える。
❸教育・保育要領のねらいの内容と対応させる。

30 第2章 逆向きに考える指導計画の作成

【ワークシート 2-2】(ダウンロード用ファイルあり, p.iv 参照)

3歳以上児の長期・短期計画作成手順

1. 全体的な計画から年長部分を抜粋すると……

	B. 自分で何がやりたいかを判断し, 選ぶことができる	A3 集団のなかで自分の役割を積極的に見つける	夏休み
5歳 年長			

1学期

2. ここから指導計画（学期）のあらすじを作成すると同時に, 配慮が必要な

3学期	月間目標	行事	主な活動
3月	就学への自覚と喜びをもち, 自分の決めたことに自信をもって行動する	卒園旅行 卒園式	①
2月	友達の存在や力を認め, 自己と向き合いながら自分の世界を広げていく	豆まき 卒園を祝う会	・卒園を祝う会の演目と順番, 役割を考案, 調整, 練習し, 会を成功させる。 ・投げ駒, 鞠つき, お手玉, かるた, トランプ ・ルールを発展応用させる集団遊び
1月	仲間と生活の仕方や遊び方を提案し合い, 工夫して積極的に生活を楽しむ	鏡開き かるた大会	②
2学期			
⋮			

** 複数ある目標のなかで, Aの到達目標に関係あるところを中心に書く。行
** 必ず到達目標（ゴール）に近いほうから, 組み立てていく。

(2) 3 歳以上児の長期・短期計画作成の方法　**31**

A2 責任をもって自分の役割を最後まで果たそうとする	冬休み	A1 複数の選択肢を考えだすことができ，適切な選択ができる
2学期		3学期

> 2. の内容＝**A.** ①自分のことは自分で決める ②やりたいことには積極的に手を挙げる　③課題は最後までやりとげる

子どもと対応を短期計画のために書き出しておく。

到達のための環境構成	配慮が必要な子どもと対応
③	
・これまでの生活経験をもとに仲間とアイディアを出し合う場を設ける。 ・クラス全体での目標を確認し練習できる時間と場を確保する。 ・個人目標達成シートを作成し，できた回数など数字を記入させる。	・○○さん ことばを即座に返すことが難しいので，グルーピングに配慮する（待てる子と同グループにする）。 ・××くん 自分の意見が通らないと手が出るので，話し合いの経過を見守り，適切な介入をする。
④	

事の準備段階での活動とAを結びつけて，記入していく。

32　第 2 章　逆向きに考える指導計画の作成

3. 月間目標，行事を週単位に割り振り，週案へ

2 月の月間目標
友達の存在や力を認め，自己と向き合いながら自分の世界を広げていく

週	活動目標	該当するねらいの内容	行事・活動
第 4 週	卒園を祝う会で歌と楽器演奏を完成させる	(6)音楽に親しみ，歌を歌ったり，簡単なリズム楽器を使ったりなどする楽しさを味わう。 (7)友達のよさに気づき，一緒に活動する楽しさを味わう。	卒園を祝う会
第 3 週	祝う会の準備　友達の役割・パートを理解する	(5)友達と積極的に関わりながら喜びや悲しみを共感し合う。	準備
第 2 週	祝う会の準備　自分の役割・パートを完成させる 歌と鞠つきの共応動作がスムーズにできるようになる	(3)進んで戸外で遊ぶ。 (12)共同の遊具や用具を大切にし，みんなで使う。 (6)音楽に親しみ，歌を歌ったり，簡単なリズム楽器を使ったりなどする楽しさを味わう。	準備 朝の自由遊び 鞠つき（＋手まりうた）
第 1 週	祝う会の役割を決め，分担する 豆まきの仕方を○○組さん（年少）に教える・準備のリーダーシップをとる 絵とひらがなの組み合わせの理解から，記号と数字の組み合わせの理解へ	(6)自分の思ったことを相手に伝え，相手の思っていることに気づく。 (4)いろいろな遊びを楽しみながら物事をやり遂げようとする気持ちをもつ。 (8)日常生活のなかで数量や図形などに関心をもつ。 (9)日常生活のなかで簡単な標識や文字などに関心をもつ。	豆まき 準備 かるたのルールから トランプ七並べ

(2) 3歳以上児の長期・短期計画作成の方法　33

週のねらい	配慮事項
演奏が完成した喜びと達成感を友達と分かち合い，各自の役割の大切さを確認する。	達成感を感じるための工夫；②
友達一人ひとりの役割を理解すると同時に，一緒に作品を作り上げる喜びと大変さを共有する。	パートごとの演奏を互いに聞きあう。自分のパートだけではなく他のパートの工夫しているところを発見し，理解する時間を十分に設ける。
自分の役割・パートのなかで，できていることと練習が必要なことが分かる。自分の役割・パートをあきらめずに練習する。	
①	異年齢での役割を果たすための工夫；③ 適切な自己評価に基づいた役割を見いだすための工夫；前回の演奏会でやったことを発表する場を設定。演奏会で失敗を経験した子には，練習のときの話をするよう促す。 記号と図形の理解を促すための工夫；④

34　第2章　逆向きに考える指導計画の作成

（3）3歳未満児の長期・短期計画作成の方法

　3歳未満児の計画作成は，3歳以上児とは大きく異なる点が2つあります。

　①クラスなど集団単位ではなく，一人ひとり個別に作成する。
　②入園時期の違いがあるので，すべての指導計画を「逆向き」で作成することは難しい。「全体的な計画」から自分が受けもつ年齢の年度末の目標をもってくることは可能だが，基本的には，「現状把握（できていること）」から次のねらいと配慮点を考え，計画する。

　①は教育・保育要領に明示されている内容です。新制度になる以前から保育所では，子どもの園生活に関する個人差が大きく，また担当制の保育者配置になっている場合が多いので，未満児の指導計画は個別に作成している園がほとんどであり，問題なく現場に浸透していると思います。それに対して，②の点は混乱を招くと思います。指導計画を体系化すること，つまり「全体的な計画」から長期計画→短期計画へと落とし込む作業がそのままもち込めれば1つの手順ですみます。しかし，乳児クラスの子どもの出入りが激しいことや年度途中から入園する子どものことを考えると，すべての過程を無理やり「逆向き」で考えても「絵に描いた餅」になってしまいます。
　そこで基本的な手順は，次のように設定しました。

　手順1；「全体的な計画」の自分が担当する年齢の内容と，その年齢の発達的特徴（pp.38-39）を確認する。
　☞あくまで確認です。園での生活経験が浅い子どもに対しては，2ヶ月後には「全体的な計画」の内容に近づくように考えたほうが実際的です。

　手順2；対象の子どもが現状で「できていること」を把握する。

（3）3歳未満児の長期・短期計画作成の方法　　**35**

☞自分が観察した子どもの様子，保護者からの情報，他の担任からの情報をまとめて評価するようにしましょう。

　手順3；「できていること」を出発点に2ヶ月後の見通しを立てる。
　☞長期計画の場合，3歳以上児のように年度単位で見通しを立てることは，この時期の子どもの場合難しいと思います。現在「できていること」を出発点に，2ヶ月後には「全体的な計画」の内容に近づくことを想定してねらいを立ててみましょう。

　手順4；短期計画のなかで，生活習慣に関わることや行事準備，生活スペースの移動などを細かく組み入れる。
　☞個人差を反映させて，環境構成の調整や配慮が必要な点を書き出して，対応を考えておきます。

　以上のように，3歳未満児の場合「逆向き」というよりは「全体的な計画」と作成しようとしている指導計画の間を行きつ戻りつしながら，考えていくという手順になっています。この点をふまえて，ワークシート2-3の2．AちゃんCちゃんの2, 3月，そして入園してきたBちゃんの1, 2, 3月を考えてみてください。

ワークシート 2-3 のねらい

❶「逆向き」設計は使えないので，現在から近い順に作成することを理解する。
❷現状で「できていること」をまず押さえる。
❸「できていること」を出発点に2ヶ月後の見通しを立てる。
❹週案，日案のなかで，その他の生活習慣に関わる内容や行事準備，移動などを細かく組み入れる。

36　第 2 章　逆向きに考える指導計画の作成

【ワークシート 2-3】（ダウンロード用ファイルあり，p.iv 参照）

3 歳未満児の長期・短期計画作成手順

1. 全体的な計画から 1 歳部分を抜粋すると……

	F. 興味を引いたものに，手を伸ばす，移動する	E3 保育者の関心を引くためにことばをかける	夏休み
1 歳　ひよこ			

1 学期

2. 現状把握の作業から，今期の保育計画を，焦点化した領域に絞って，個別がある！

3 学期	主な活動と環境構成	A ちゃん（6 月生まれ 4 月入園）		
この期に予定されている行事	以上児との交流保育 （月 2 回）	できていること	ねらい	配慮点
3 月		1 歳 9 ヶ月		
2 月		1 歳 8 ヶ月		
1 月	・お話週間（素話，絵本） 西コーナーを常時畳敷きにする ・音の出るおもちゃコーナー 東コーナーに，楽器や音楽内蔵絵本，電話，サイレンのなる車等音の出るおもちゃを集めておく	1 歳 7 ヶ月 2 語文で欲求を表す 保育者に近づいて，手や服をひっぱる	保育者だけでなく，「○○ちゃんにも教えてあげて」と周囲の友達に関心が向くようにする	拒否するとき，手を払いのけたり乱暴なことがあるので，「いや」とことばで伝えるよう促す

(3) 3歳未満児の長期・短期計画作成の方法　37

E2	冬休み	E1	E.
対象を指差し，近づき，確かめた後，他者に渡す		「ぶーぶ，とって」など2語文が言え，物を媒介にして他者に向かって発話できる	興味のあるものをことばで他者に伝え，他者と関心を共有する

2学期　　　　　　　　　3学期

に作成する。→乳児は年間から各期におとす際，「逆向き」は使えない場合

Bちゃん（5月生まれ1月入園）			Cちゃん（1月生まれ9月入園）		
できていること	ねらい	配慮点	できていること	ねらい	配慮点
1歳10ヶ月			1歳2ヶ月		
1歳9ヶ月			1歳1ヶ月		
1歳8ヶ月 ヒント！ 入園月			1歳0ヶ月 座る，つたい歩きはできる握力が弱く，物をつかめるが，つかみ続けることができない	両手が空く坐姿勢で，興味のあるおもちゃをしっかりとつかむ，つまむ，箱を移し替えることができるよう環境を整える	物を1回手から離してしまうと，じっと見ているだけで取りあげようとしない場合は，音の出るおもちゃにして関心を持続させる

38   第2章　逆向きに考える指導計画の作成

「1歳児の特徴」を利用する

●歩行にともない探索活動が盛んになり，外界への興味や認識を広げていく
●身近な人の行動を模倣して新しい行動を獲得することによって，自信をもち自
●言葉で言い表せないことは，指差し・身振りで示そうとするなど自分の思いを
●感覚や感情を表すことばも分かってくる
●個人差が大きく，まだまだ大人の世話を必要とする

組　名前　　　　　　　　　　　　　　　　　　　　週日案

前週の子どもの姿と現状で「できていること」		
前週におこなった活動だけでなく，「全体的な計画」の目標と照らし合わせて，現状を評価する。		
	日（月）	日（火）
内容		生活スケジュールだけでなく行事予定 準備する。
環境		子どもに経験してほしい内容 場合は，調整した点が明らか
活動		把握した「現状」
配慮が必要な点		現状で「できていること」

発性を高めていく
親しい大人に伝えたいという欲求が次第に高まり，２語文を話すようになる

	月　　　日　～　　月　　　日	担任：

今週のねらい：領域《　　　　　　　　　　　　　　　　　　　　　　》
現状把握した領域を中心に，あるいは「全体的な計画」と照らし合わせて，子どもに必要なねらいを考える。

日（水）	日（木）	日（金）

とも重ね合わせて，ねらいと直結するような活動が含まれる予定を

が経験できるように工夫する。前回うまくいかなかった
になるように記述する。

から，次のステップとなるように考える。

の内容，園での生活経験や家庭での様子などから考える。

40　第 2 章　逆向きに考える指導計画の作成

　短期計画の様式は各園によって異なると思います。ここでは週日案の形式の例（pp.38-29）を出しています。大事なのは，「現状で『できていること』」の欄と「今週のねらい」の欄が対になっていることです。「内容」「環境」「活動」「配慮が必要な点」について，考えるポイントを示してあります。参考にしてください。

（4）指導計画を体系化するコツ

　指導計画作成に「逆向き」設計を応用する理由は，「全体的な計画」と長期・短期計画が連続性をもって設定されること，さらに年度内のねらいも順々に高度化されていくように設定すること，そして現状特に力を入れたい目標を明確化することにあります。これらを総じて体系化と考えています。

　大事なことは，「終わり」を明確に決めてから考えるということです。これが最初のコツです。その際，領域はある程度絞り込まないと難しくなります。先のテーマという単位で考えれば，2 つ，多くても 3 つまでにしないと，連続性をもつことができなくなると思います。保育所保育指針のねらいに慣れてしまっていると，5 領域をまんべんなく採り入れようとするあまり，月と月，学期と学期の間でバラバラな取り組みになっていることがあります。もちろんすべての領域を子どもが体験するような配慮は必要ですが，園の教育・保育目標に基づく「特にここを育てたい」という内容が指導計画に反映されてよいと思います。今後，園や施設間の入園児獲得競争は厳しくなっていくと思われますが，そのような時代であるからこそ各園の強みを指導計画に反映させる努力が必要なのではないでしょうか。

　「終わり」を決めると窮屈で，子どもの自由な反応を拾えなくなるという意見があります。子どもの思いつきを大事にしたい，それが創造性を伸ばすことにつながる，という言説です。筆者はそう発言する先生に必ずお聞きすることがあります。「子どもたちが出してくる思いつきは

たくさんありますが，先生は全てそれを拾っているのですか？」実際には，先生は必ず「拾う思いつき」と「拾わない思いつき」を線引きしています。問題なのは，その線引き，つまり評価基準が無自覚に設定され，そして主観的に選択がおこなわれていることです。本来，線を引く基準となるものが，「終わり」から導き出された各時期の目標やねらいなのです。子どもの創造性を育みたいと考えるなら，次のことをまず先生が理解してほしいと思います。それは，「何もないところから創造はできない」ということです。子どもの自発的な思いつきは，ねらいをもった経験の蓄積から生まれます。何も与えず，無自覚な評価基準にさらされた子どもは，創造的にはなりえません。

　次のコツは，「一人で抱え込まない」ことです。特に一人担任のクラスを受けもった場合，「自分ができること・得意なこと」に活動が偏ってしまい，かつどの年齢でも同じ指導案になっていることがあります。園長経験者の話によると，担任によって指導計画の優劣がはっきりしてしまうので，「できる」先生がどの年齢を担当するかによってその年度の園全体の運営に影響が出てしまうことがあるそうです。書くことが不得意だと思っている人は，まず得意な人の指導計画を一語一句書き写してみることから始めるとよいと思います。そのなかで自分の文章と比較しながら，文のリズム，適切な語彙，園外の人でも分かるような記述について，うまく書けるルールを自分なりに見つけてみてください。筆者の授業でも授業内容のポートフォリオを毎回作成する課題を出していますが，不得意な学生には「まずまねる」そして「違いをみつける」機会を設定しています。このポートフォリオ作成がうまくいく学生は，文書の読み手に過不足なく必要な情報を与えることができ，その書く力は考察ができることにつながっていました（山本，2014a）。この２つの特徴は指導計画と評価を表す文書作成に必要不可欠な要素です。同僚と一緒に考える，「できる」人を真似る，そこから自分なりのうまく書くルールを見つける。この作業には，必ず他者の存在が必要となります。一人で苦しんでいても，うまく書けるようにはなりません。

最後のコツは、考えるときは一つひとつ考えていくのではなく「流れ」を意識することです。ここではあらすじという言葉で表現していますが、子どもの成長や課題が高度になっていく様子を「物語」（カー，2013：第3章(4)参照）としてイメージすると、「流れ」が見えやすくなります（この「物語」というアプローチについては、山本（2011）参照）。どこに何を割り振るのか、どの順番でおこなうのかと同時に、「（期間中に）どこまでやるのか」が大事です。「どこまでやるのか」つまり「物語」の結末を明確にし、遡ってストーリーを考えることが、「逆向き」に考える指導計画作成の技術なのです。

　こうしたコツをつかんでワークシートを使った練習をしてみてください。自分の園の教育・保育目標から作成してみると、日々おこなっている自分の実践が非常によく見えると思います。

第3章 幼児教育の教育評価

筆者はもともと小学校での創造活動に対する教育評価の問題を研究していました。その関係で，複数の大学の教員養成課程において「教育評価論」という授業を担当していたことがあります。いわゆる教職課程では，教師の活動のなかで教育評価の営みを１つの核としていることは疑う余地なく受講者に受けとめられていました。ところが，保育者養成機関に所属してみると，「教育評価」に該当する科目がないのです。指導計画の作成や子ども理解や支援のためのスキル習得，教科教育に関する科目，そして教師論に対応する保育者論はあるのに，教育評価の部分だけすっぽり抜けおちています。これは今回の『解説』でも同じことで，実施上の配慮事項や指導計画作成については詳細に述べられているのに対して，評価に関わる部分は次のような表現になっています。

　　「こうした指導は，乳幼児の理解に基づく指導計画の作成，環境の構成と活動の展開，園児の活動に沿った必要な援助的なかかわり，反省と評価に基づいた新たな指導計画の作成といった循環の中で行われるものである」（p.42）

　保育者の子どもに対する指導は，計画の作成→展開と実践→反省と評価→新計画の作成という循環であると述べられていながら，反省と評価の具体的な記述はありません。ねらいや指導計画については，それぞれ１つの章が割かれ丁寧に説明されているのとは対照的です。
　園内研修時に外部講師を招いて自分たちの仕事について理解を深めたり見直したり，という機会を設けることがあるかと思います。そのときによく使われるのが，「PDCA サイクル[1]を回す」という言葉ですが，保育者養成カリキュラムでは P（plan；計画する），D（do；実行する）があるのですが，C（check；評価する）と A（action；改善する）が欠

---

　1) ウォルター・A・シューハート，W・エドワーズ・デミングらが提唱した事業活動における生産管理や品質管理などの管理業務を円滑に進める手法の１つ。A を次の PDCA サイクルにつなぎ，サイクルを１周ごとに向上させていくことで，継続的な業務改善を可能にする。

落しているということです。

　最初に専攻したのが経営学で，提出した卒業レポートは QC（品質管理）サークルと CI（コーポレート・アイデンティティ）[2] 戦略についてだった筆者からすると，教育や保育の世界で PDCA サイクルという用語が用いられていることに，「教育も品質管理を問われるし，市場原理で動いてしまうのか」と少々抵抗を感じないこともないのですが，教師の学級運営は永続的な改善と発達し続けることを求められる活動であることから現場に定着しているのだと思います。いわゆる「右肩上がり」の発達モデルと相性が良い活動サイクルです。しかし，保育の営みにおいて C が重要視されないのはなぜでしょうか。

（1）保育者がおこなっている評価活動

　筆者が研修等で教育評価の話をすると，次のような話がよく聞かれます。

・幼児なので，テストをしたり，通信簿をつけたりする必要がない。
・学校ではないので，子どもに点数はつけない。
・そもそも子どもを評価したりしていない。

　これらはすべて間違いです。教育評価は，テストで平均点だの偏差値だの，5 段階評定だの 10 段階評定だのということだけではありません。例えば，「教育評価なんてしたことがありません」という先生でも，児童票や指導要録，保育要録，そして義務化されている自己評価は記入した経験があるはずです。こうした活動はすべて教育評価なのです。ですか

　2）企業文化を構築し，その独自性や特徴をロゴやデザインなどで分かりやすく社会に発信することで存在価値を高めていく戦略。学校や園であれば SI（スクール・アイデンティティ）と呼ばれる。近年，園のロゴが通園バスや封筒，園服，行事のグッズなどにデザインされているのをよく見かけるようになったが，これは SI 戦略の 1 つである。

（1）保育者がおこなっている評価活動　　47

ら，評価する対象は子どもだけではありません。自分の保育活動も教育評価をしていかなければならない対象なのです。

　先生が「教育評価として意識していなくても，子どもを評価する文章は作成している」という状況がもっとも危険です。少なくとも文章化した時点で，「私はこの視点から子どもを見ている」という情報（「枠組み」）と，「私は子どものこういう発言／態度／能力を『良し』とする」という情報（「価値」）を使って書類を作成しているのです。この作業が繰り返されるとどうなるのでしょうか。「枠組み」と「価値」はわざわざ確認するまでもない当たり前の前提として，子どもを評価する際に用いられるようになります。問題なのは，その「枠組み」や「価値」が正しい，適切である，あるいは妥当だといえる根拠を，先生自身がもっていないということです。

　おそらく先生方は，役所から新しい書式が必要だと言われるたびに，試行錯誤しながらこうした書類に子どもの成長や知的好奇心の表れ，生活指導の内容などを，その子どもとの記憶や前任者の記録をもとに文章作成しているのではないでしょうか。ということは，評価基準は断片的な記憶や前任者の視点ですが，その評価基準は適切といえるのでしょうか。次のワークシート 3-1 で確認してみましょう。

ワークシート 3-1 のねらい

❶自分の評価基準を浮かびあがらせる。
❷自分のクラスの重点目標に沿う形で，評価基準を見直してみる。
❸適切な評価基準とは何かを考える機会をもつ。

48　第3章　幼児教育の教育評価

【ワークシート 3-1】(ダウンロード用ファイルあり，p.iv 参照)

自分の暗黙の評価基準を抽出する

1. 特定の子どもの記録（児童票や指導要録などの自由記述部分やエピソード記述）からランダムに5名分選んでください。学生の場合は，実習記録の自由記述を5日分選んでください。

2. 記述内容欄に箇条書きで内容をまとめ，その内容があてはまる領域をp.49の選択肢から選んで記入してください。

3. その内容が肯定的（良い，改善された，できなかったことができるようになった等）な評価か，否定的（問題がある，遅れがみられる，改善する必要がある等）な評価かを記入してください。

4. 集計表にまとめ，自分が多く使っているカテゴリーとあまり使っていないカテゴリーから，自分の評価基準の特徴を考えてください。

記述	記述内容（箇条書き）	領域	ポジティブ／ネガティブ
ケース1 日付 対象	・ ・ ・ ・ ・		
ケース2 日付 対象	・ ・ ・ ・ ・		
ケース3 日付 対象	・ ・ ・ ・ ・		
ケース4 日付 対象	・ ・ ・ ・ ・		
ケース5 日付 対象	・ ・ ・ ・ ・		

(1) 保育者がおこなっている評価活動　　49

《領域の選択肢》
a. 子どもの発育（身体的・量的）
b. 子どもの能力，できるようになること（ことば，生活習慣，運動）
c. 活動への参加意欲・知的好奇心
d. 感情や情緒の表出
e. ルールへの対応
f. 他児との関わり
g. ものとの関わり
h. 先生・大人との関わり
i. 家庭環境
j. その他

集計表

領域	a	b	c	d	e	f	g	h	i	j
ポジティブ										
ネガティブ										

《私の評価基準の特徴》
1. ポジティブが多い　　　　　　　　　ネガティブが多い
2. a〜dが多い　　　　　　　　　　　　e〜hが多い
3. 一つも該当しなかった領域は，　　　　　　　　　　　である。
4. いちばん多かった領域は，　　　　　　　　　　　　　である。

まとめると，私の評価基準の特徴は，

今後，気をつけることは，

ポジティブな記述とネガティブな記述，そして領域aからdの合計数（子ども個人の状況）とeからfの合計数（子どもと環境との関わり）はバランスが良いのが理想ですが，どちらかに偏っていた場合，それが日々何気なくあなたが用いている評価基準だと考えられます。またもし，特定の子どもによって偏りが見られる場合は，なぜ偏っているのかを一度考えてみてください。

先ほど評価はPDCAのCであると述べましたが，CはPを基準におこなうものです。つまり，前章で考えた指導計画のねらいに対して到達したのかどうかが評価基準となるのです。

(2) 育てるのはリテラシーだけではない：幼児教育への誤解

さらに，保育所保育指針の改訂や今回の新制度の研修でよく聞かれた意見のなかに，「教育，教育って言われても，ひらがなやアルファベット，九九を先取りして教えることだけが大事ですか？」「幼稚園は小学校の予備校じゃない」といった声が聞かれました。無藤（2009）は，こういった誤解のもとにある教科主義的な発想の危険を指摘したうえで，「遊びの中の学び」とは感覚的，感性的，身体的なもので，ある種の気づきを経験し，気づきを自分なりに分かって言葉にして表すといったことができることであると説明しています。つまり，問題が解けることではないけれど，ある実際の場面のなかでいろいろなことが上手にできるという経験であるというのです。

この学びを促すことが教育ならば，「園で日常おこなっている活動」で良いではないかと思われるでしょう。そのとおりなのですが，指導計画と教育評価という教育としての営みを組み入れる際に，保育者に考えてほしいことがあります。

・設定しようとする活動で，「何を経験できるのか」

・その経験は，今後学校教育のなかで子どもが教わる「何の概念／単元／知識内容につながるのか」
・その経験を十分に体感したならば，子どもは「どのような反応（言動，行動，ふるまい）を示すだろうか」

　この点を考えるだけで，十分教育の質的転換になると思います。「何を経験できるのか」では，具体的に経験できる内容を書き出す作業をします。そうすることで同じ活動でも，さまざまなねらいの内容に対応できることを実感します。次の「何の概念／単元／知識内容につながるのか」では，ぜひ小学校の学習指導要領を手元において眺めてみてください。文科省のホームページ（http://www.mext.go.jp/a_menu/shotou/new-cs/youryou/syo/index.htm）からダウンロードもできますし，大きな本屋さんには必ず置いてあります（第4版，¥248）。例えば，園庭で影踏み鬼をするとします。この活動は，小学校3年理科の「B生命・地球」の「(3)太陽と地面の様子」の基礎的な体験となります。そうすると，単に影を追いかけるだけでなく，太陽と影との関係や「影に入るとひんやりする」といった体感温度の違いに子どもが気づくことを促すような活動展開を考えることになります。こうした発想ができると単に「楽しむ」といった到達目標ではない，気づかせたい内容に基づくいっそう具体的な到達目標の設定ができます。

　さらに「どのような反応（言動，行動，ふるまい）を示すだろうか」を考えると，後節で扱う自己評価の評価基準が設定できます。自己評価の評価基準とは，「子どもの発言，行動，ふるまいで○○が見られたら，この活動のねらいは到達した」と判断できる基準のことです。これは，保育の世界でよく使われる「見通す」作業です。発達を見通す，子どもの様子を見通すなど，先々の展望をすることは，保育の仕事の上でとても重要視されています。この作業は「見通し」を自己評価基準に設定することです。つまり，先の3つを順番に考えることで，活動のねらいの具体化，到達目標の具体化，自己評価基準の具体化といった教育活動の

「重要」だけれど「難しい」ところを乗り越えることができるのです。

このように考えていけば，教育だからといって改めて別の活動やカリキュラムを設定するのではなく，これまで園内でおこなってきた活動を少しだけ見方を変えて準備・実践すれば十分対応できるのです。

（3）自己評価の落とし穴

ある元園長から自己評価が義務化された当時の苦労話として次のような話を聞きました。

> 「自己評価を各期末に書いてくるんだけど，みんな，『こうやって書いておけば大丈夫』っていう作文になってる。『これこれができなかったので，次の期にはがんばります』の繰り返し，毎回同じ内容。毎回同じってことは，反省でも評価でもないってことだよね。しかも，書いてあることが毎回できなかったってことだよね。」

この元園長がおっしゃる「こうやって書いておけば大丈夫」という記述を，私の授業のなかでは「予定調和的記述」として学生に書かないように指導しています。根拠のない「できなかった」と「がんばります」は，これまでの学校経験のなかで培われた「こうやって書いておけば大丈夫」スキルだと思います。何が大丈夫なのかと言えば，道徳的になんとなく正しい感じがするとか，「努力はしています」ということをアピールしているとか，「私は『自分ができている』なんて思いあがっていません」ということを表現しているのでしょう。しかし，これで本当にPDCAのCに該当する評価，言い換えれば改善を目標とした評価と言えるのかどうか，再考する必要があるのではないでしょうか。仕事というのは成果を求められる活動です。過程を重視する，能力より努力，関心・意欲・態度が重要な評価基準となる〈学校〉と同じではありません。

本来保育者がおこなう自己評価とは，自分が立てた指導計画に対する

到達度評価です。したがって自己評価をする際に，まず参照しなければならないのは評価対象となる時期の長期・短期計画のねらいです。ところが，ねらいで書かれているのは，教育・保育要領に書かれているように，「○○を楽しむ」「○○に気づく」「○○を豊かにする」といった抽象的な文言です。そこで，先の「どのような反応（言動，行動，ふるまい）を示すだろうか」を考えます。例えばある活動を楽しんでいるならば，子どもは何と発言するだろうかと考えてみてください。ある活動を本当に楽しんでいるときに，先生が「はーい，おしまいにしてください」と声をかけたら子どもは「やだぁ，もっと」と言うのではないでしょうか。あるいは，自分の知的好奇心が満たされるような出来事に出会ったら，先生に自分の経験を必死に伝えようとするのではないでしょうか。そういった子どもの具体的な言動，行動を到達の目安として設定してください。この具体的な到達目標の設定は，少し練習してみると簡単にできると思います。到達目標への変換は，ワークシート 3-2（p.54）で練習してみてください。自分のこれまでの保育経験と見通す力の再確認になると思います。もし，どうしても具体的な場面や子どもの姿が思い浮かばないという方は，田中（2014）に具体的で発達を考慮された文章例がたくさん紹介されています。しかも年少Ⅰ，Ⅱ，Ⅲ期のように学期に分かれているので，最初はこうした文章を真似ることから始めてはどうでしょうか。そして表現のコツがつかめたら，自分の園の地域性や人的・環境的資源による園活動の特色をふまえて，具体的な到達目標を設定するようにしていくとよいでしょう。

ワークシート 3-2 のねらい

❶ねらいの内容を，到達した場合に観察可能で具体的な到達目標に変換する。

❷発達を考慮した文章例をたくさんもつ。

54 第3章 幼児教育の教育評価

【ワークシート 3-2】（ダウンロード用ファイルあり，p.iv 参照）

　到達目標とは，「ねらい」に設定した内容が〈達成されたなら〉見ることができるであろう子どもの具体的な言動，行動，ふるまいです。あなたが「ねらい」を達成したかどうかを判断する指標となります。

練習：次の「ねらいの内容」の到達目標を考えてみましょう。その際年齢の問題を考慮して，「○○クラスさんだったら，このくらいはできるかな……」という見通しをもとに考えてください。

1. 「言葉(4)　人の話しを注意して聞き，相手に分かるように話す。」を到達目標に変換してみましょう。
　それぞれの年齢・学年の予想される動きを採りいれて，具体的な場面と合わせて考えてください。

年少なら……
年中なら……
年長なら……

2. 「健康(8)　幼保連携型認定こども園における生活の仕方を知り，自分たちで生活の場を整えながら見通しをもって行動する」を到達目標に変換してみましょう。
　それぞれの年齢・学年の予想される動きを採りいれて，具体的な場面と合わせて考えてください。今度は生活の仕方の理解が含まれているので，未満児の場合も考えてみてください。

3歳未満児なら……
年少なら……
年中なら……
年長なら……

（4）幼児を対象とした評価法

　さて，少し世界の実践に目を向けてみたいと思います。実践の記録という意味での評価ツールには，有名なものでは世界各地で展開されているレッジョ・エミリアのドキュメンテーション（森, 2013; 白石, 2009; ヘンドリック, 2000）や園内あるいは地域の研修で取り組まれているエピソード記述（鯨岡, 2012; 鯨岡・鯨岡, 2007）などがあります。実践のなかでのドキュメンテーションの位置づけを見ると分かるのですが，こうした記録としての評価ツールは先の PDCA サイクルの 4 つをそれぞれつなぐものとされていて，最終的な成果や到達を表すものではないとされています。ですので，ここで取り上げる教育評価法はもう少し的を絞って，各期や学年の成果を表し，就学後の学びと連続性をもつための評価ツールに限定して 2 つほど紹介したいと思います。

　ただし，「就学後の学びと連続性をもつこと」の意味は，就学後の学びを先取りしてリテラシーを教え込むといった教育とは異なることに注意が必要です。例えばイギリスでは，子どもの「全体的な評価」を目指しつつ，幼児を対象としたカリキュラムが整備される（DfE, 2008[3]）と，現場ではそのなかに含まれる 13 項目の評価視点に特化して評価がなされてしまい，その結果言語能力や数的処理など判断しやすい評価視点について「到達できていない」ところを記録し指摘する，従来の堅牢な英国の教育評価になってしまっていることが批判されています（Silberfeld & Horsley, 2014）。このように評価視点を要領等で固定してしまうと，子どもの自発性，創造性，達成感が阻害される結果となると言われています（Nutbrown, 2006）。そこで，なるべく担任保育者の保育目標から柔軟に書式が作成できることを優先して，この章で紹介する評価法を選んでみました。

---

3) 2014 年 2 月 13 日に改定されたフレームワークが発表され，2014 年 9 月 1 日から施行された。

①「学びの物語」アプローチ

　これは，マーガレット・カー著（大宮勇雄・鈴木佐喜子訳）『保育の場で子どもの学びをアセスメントする』（2013, ひとなる書房）で詳細に紹介されています。筆者は，ニュージーランドの保育のナショナル・カリキュラムの作成に関わっており，先のイギリスの研究者たちが批判している点と同じく「できないこと」に焦点を当てる評価を批判し，新たな評価法を提案しています。カーの主張のなかで特に目を引くのは，乳幼児期の学びの成果とは「学びの構えを育むこと」であると明言している点だと思います。学びの構えとは，状況に埋め込まれた学び＋モチベーションのこととされていますが，もっと簡単に「進んで学ぼうとする気持ちがあって，学ぶ機会をとらえる力があり，学ぶことができる」ことと定義されています。これが学びの構えの3つの次元，「進んでやろうとすること（being ready）」「機会をとらえること（being willing）」「することができること（being able）」となります。このなかの「機会をとらえること」の次元は学習活動のとても重要な要素でありながら，あまり注目されてこなかった視点ではないでしょうか。

　例えば，みんなで何か活動を始めようとしたときに，他の子どもと距離をおいてぼぅっと立っている子どもについての評価は，「協調性がない」「みんなと同じことができない」「活動に参加できない」「やる気がない」といった記述がされていたと思います。この記述であると，本人の能力や特性をどうにかしないと，という支援しか生まれてきません。しかし，この子は活動に参加する「機会をとらえること」に失敗していると捉えたなら，支援の方法は「活動に参加することの重要性をどう伝えるか」「機会を逃すと次にどのような支障があるか」「どのような活動開始のきっかけの与え方が有効なのか」といった保育者側で工夫する余地が生まれてきます。

　学びの構えはこの3つの次元と，次に述べる5つの領域によって構成されています。

❶関心を持つこと

❷熱中すること

❸困難ややったことがないことに立ち向かうこと

❹他者とコミュニケーションをはかること

❺自ら責任を担うこと

　この5つの領域と日本の要領等で示されている5領域とを比べると，どちらが教科教育的でしょうか。学生に要領の「ねらいとねらいの内容」を教えるときの反応を見ていると，日本の5領域は教科教育的に捉えられていると思います。この「学びの物語」アプローチで設定されている5つの領域は，関心・意欲・態度を身につけることなのですが，確かに「学習活動」を支える基盤となるものです。5つの領域はそれぞれ先に示した3つの次元があるのですが，どの次元を中心に考えるのか（前景化）といったことも，どのような評価の書式を設定するかも保育者が選択できるようになっています。

　この3（次元）×5（領域）で示された基準に，子どもたちの活動を通じて長期にわたる一連の「学びの物語」を収集し，物語の内容を基準ごとにあてはめて分析するというのが，このアプローチの概要です。分析は同僚との議論のなかで進められ，「次に何をするか」を決めていきます。詳細な説明や具体例はぜひ上記文献で確認しながら，園の教育目標，建学の精神や地域性などを含み込んだオリジナルな書式を考案してみてください。基準によって物語を分析するという点は，事例研究などでよく見られる（筆者は研修でいつも注意を促すのですが）「書きっぱなし」からの脱却につながると思います。エピソードを書き出したのはいいが，「あの子は○○に問題があるよね」といった話し合いにしかならない。他の職員と情報交換としての意義はあるが，それなら会議でよいのではないか。こういった声が研修担当の先生からよく聞かれます。「書きっぱなし」になってしまう原因は，分析の欠如にあると思います。そうではなく，こうした書式は教育評価として判断の根拠を示すためのも

のなので，基準を設定して書いたものを振り分けてみると，エピソード
を書いているだけでは気づかなかった子どもの到達点が見えてくるので
はないでしょうか。

②ポートフォリオ評価法

　教育の文脈でポートフォリオという言葉は，1990年代から才能教育
や芸術教育の実践で用いられ，特に作品を生み出す過程も含めた創造活
動の評価のために用いられていました。ポートフォリオとはもともと紙
挟みのことで，そこから何かを時系列に沿って収集してできあがった資
料全般を指すようになりました。ここで紹介したいのは，ベヴァリー・
シャクリー，ナンシー・バーバー，リッチ・アンブロース，スーザン・
ハンズフォード著（田中耕治監訳）『ポートフォリオをデザインする：
教育評価への新しい挑戦』（2001，ミネルヴァ書房）で紹介されているポ
ートフォリオ教育法です。もともとこの評価法は，シャクリーの EAEP
（The Early Assessment for Exceptional Potential；例外的潜在能力の
早期評価）プロジェクト（Shaklee & Viechnicki, 1995）の実践の核と
して開発されたものでした。幼児から児童までを対象に，特定の子ども
がどういった「例外的な潜在能力」をもっているのかを，教師の観察記
録，保護者の観察記録，子どもの作品や自己評価の記録などとともに，
外部の専門家の評価を採りいれて，最終的に評価活動を中心とした教育
実践を組み立てるというものです。

　この方法の優れている点は，「まず評価ありき」であることと，その評
価は「次に何をするのか」を子ども自身が選択できるようにするための
ものであるということです。通常の保育の場で，どれだけ活動の選択肢
が用意できるのかといった問題は残りますが，子どもに「自分のやりた
いこと」を自覚させるという点で有効だと思われます。これは先の「学
びの物語」アプローチと同様，子どもの発達や成長に関して，説明責任
を果たすための根拠を作成する評価であると同時に，子どもには自己評
価能力を育み，教師，保護者，地域の専門家がネットワークを作る機会

（4）幼児を対象とした評価法　　**59**

をもたらします。単純に園内だけでおこなっている保育活動ではなく，評価活動を軸として地域や保護者と連携する保育活動を考えるきっかけとなります。90年代に注目された比較的古い評価法をなぜここで紹介するのかといえば，指導計画にまつわる狭い捉え方を取り払うのに有効だからです。筆者はポートフォリオ評価法の設計を学生に課すことで，園内活動にとどまらない自由な指導計画と評価を考える課題を毎年テストの問題に設定しています。この作業を通して，❶評価から活動を考えていくこと，❷指導案といえば製作，描画，ゲームといった固定概念から脱却すること，❸30分や1時間で終わるのではなく，好きなだけ長期間活動を継続するという長期の展望をもって指導計画を考えるということ，が身につくと考えているからです。

　この本で紹介されているポートフォリオ評価法の設計には，次の6つの決定事項があります。

　決定1　どのようなものになるか，その目的は何か
　決定2　誰が関わるべきか，誰が評価参加者となるのか
　決定3　何が評価されるべきか，何を知る必要があるか
　決定4　その評価はいかにして達成されるか，それはいつになるのか
　決定5　このようなポートフォリオからどのような意思決定が可能か，それはいつポートフォリオとなるのか
　決定6　いかにしてポートフォリオ評価法をカリキュラムや授業に情報を与えるような継続的で一貫した過程にするか

　これらは，その活動を通じて集めた成果を通して，子ども自身が次に何をするのかを自分自身で決定することに行き着くよう決定されていきます。

60 第 3 章 幼児教育の教育評価

（5）ポートフォリオ評価法から学ぶ評価システムの作り方

　ポートフォリオ評価法の 6 つの決定事項を考えると，単純に指導計画，活動の実践，評価というそれぞれを別々に考えていくことが難しいということに気づきます。上記決定事項の表現だと分かりづらいので，筆者が決定する内容を端的にまとめると，次のようになります。

　　決定 1　活動の内容とねらい
　　決定 2　評価に関わる人々とそれぞれの評価方法
　　決定 3　活動期間中集めていく情報，集めるルール
　　決定 4　活動期間の設定と活動の終わり方
　　決定 5　子ども，保育者，保護者が活動を振り返る機会と振り返った
　　　　　　後の選択肢
　　決定 6　振り返った内容を次の活動に活かす工夫

　このように考えると，行事までの過程を組み立てることに役立つ評価法であることが分かります。第 1 章で練習したように，行事のなかで設定するねらいは，クラスごとに異なるはずです。後は決定 2, 3, 5 を，子どもや保護者，地域の専門家それぞれにどういう形で評価に参加してもらうか，また行事も「やりっぱなし」ではなく，しっかり振り返る機会を設定すれば良いのです。最後に決定 6 に関しては，最終評価を残す書式や他の職員と共有する機会，あるいはツールを考案することを忘れずにおこなうということで実現できるでしょう。

　まずは練習として，ワークシート 3-3（pp.62-63）で練習してみましょう。まずは，卒園児を送る会の企画と評価方法を考えてみましょう。各決定事項で具体的に考えるヒントを質問形式で入れてあります。書きながら，考えてみることが大事です。その際，自分の所属園や実習園に関わる人的・物的資源を有効活用できないかという視点をもつことと，「全員の子どもがねらいを達成しなければならない」と強迫的にならな

いことを心がけてください。特に後の点は，実習生が陥りがちな考え方です。全員が達成可能なことが「年齢・発達に合わせた活動」ということではないのです。筆者は指導計画の研修で必ずお話させていただくのですが，人は成功と失敗の確率が五分五分のときに，もっともやる気が起きるという研究結果もあります。クラス全体を見通したとき，達成する子どもと失敗する子どもが五分五分になるような課題を設定してみてください。決定5は，到達できた子どもの次の課題設定だけでなく，到達できない子どもへのフォローも考案します。課題のレベルを下げてしまうと，先の「学びの物語」アプローチで「学びの構え」の5領域に挙げられていた，❶関心を持つこと，❷熱中すること，❸困難ややったことがないことに立ち向かうこと，といった領域が十分に体験されなくなるかもしれません。むしろ，決定5はポートフォリオ評価法自体の目標でもあるのです。丁寧に，そして豊かなアイディアを生み出してください。

ワークシート 3-3 のねらい

❶行事の「やりっぱなし」を改善して，子どもの「次に何をしたい」が引き出せるように計画する。
❷長期間の活動の見通しに「何をするか」だけでなく，「何を証拠として集めるか」「どのような人材にいつどうやって評価に参加してもらうか」を組み入れる。
❸到達できる子とできない子の比率が五分五分になる課題を設定する。そして，行事に向けた一連の活動の「終わり方」と「振り返りの機会」を設定する。

62　第 3 章　幼児教育の教育評価

【ワークシート 3-3】(ダウンロード用ファイルあり，p.iv 参照)

1. ポートフォリオ評価法の 6 つの決定事項を用いて，今年の「卒園生を送る会」の計画（準備段階・終了後の評価を含む）を立案してみましょう。

今年の卒園生を送る会のテーマ及び概要
自分のクラスの年間目標・重点課題
クラスの演目と概要
決定 1　活動の内容とねらい（何を，どう準備し，何を達成する？）
決定 2　評価に関わる人々とそれぞれの評価方法（誰に，どうやって評価してもらう？）
決定 3　活動期間中集めていく情報，集めるルール（いつ，何を，どれくらいの頻度で集める？）
決定 4　活動期間の設定と活動の終わり方（どれくらいの期間おこなう？終わりはいつ，どのように？）
決定 5　活動を振り返る機会と振り返ったあとの選択肢（各自の評価を持ち寄る機会は？　達成した子どもは，次に何をすることができる？　達成できなかった子どもは，何をして次の活動に移る？）
決定 6　振り返った内容を次の活動に活かす工夫（最終評価の書式，保管場所，活用方法は？）

（5）ポートフォリオ評価法から学ぶ評価システムの作り方　**63**

2. ポートフォリオ評価法の 6 つの決定事項を用いて，自分の課題となっている行事の計画（準備段階・終了後の評価を含む）を立案してみましょう。

今年の「　　　　　　　　　　　　　　　　　　　　」のテーマ及び概要
自分のクラスの年間目標・重点課題
活動の概要
決定 1　活動の内容とねらい（何を，どう準備し，何を達成する？）
決定 2　評価に関わる人々とそれぞれの評価方法（誰に，どうやって評価してもらう？）
決定 3　活動期間中集めていく情報，集めるルール（いつ，何を，どれくらいの頻度で集める？）
決定 4　活動期間の設定と活動の終わり方（どれくらいの期間おこなう？終わりはいつ，どのように？）
決定 5　活動を振り返る機会と振り返った後の選択肢（各自の評価を持ち寄る機会は？　達成した子どもは，次に何をすることができる？　達成できなかった子どもは，何をして次の活動に移る？）
決定 6　振り返った内容を次の活動に活かす工夫（最終評価の書式，保管場所，活用方法は？）

第4章 小学校への移行準備とアプローチ・カリキュラム

保幼小連携の重要性が強調されるようになって，どれくらい経つのでしょうか。「小1プロブレム」という言葉は教育界以外の人たちにも広く浸透し，平成21年には東京都が「東京都公立小・中学校における第1学年の児童・生徒の学校生活への適応状況に関わる実態調査」を実施しました。その結果，小学1年生の不適応状況の発生経験をもつ教諭の割合が19.3%，校長では23.9%と報告されています[1]。また平成22年3月には文科省が「幼児期の教育と小学校教育の円滑な接続の在り方に関する調査研究協力者会議」を招集，審議の結果はその年の11月に報告されています（幼児期の教育と小学校教育の円滑な接続の在り方について（報告），以下〈報告〉とする）[2]。この〈報告〉のなかで幼児期と小学校の連携から接続へと発展する過程の目安が次の5段階に設定されており，その後の幼児教育実態調査のなかで接続の進行状況を表す基準となっています。

ステップ0：連携の予定・計画がまだ無い。

ステップ1：連携・接続に着手したいが，まだ検討中である。

ステップ2：年数回の授業，行事，研究会などの交流があるが，接続を見通した教育課程の編成・実施は行われていない。

ステップ3：授業，行事，研究会などの交流が充実し，接続を見通した教育課程の編成・実施が行われている。

ステップ4：接続を見通して編成・実施された教育課程について，実施結果を踏まえ，更によりよいものとなるよう検討が行われている。

---

1) 「保幼小・小中連携のあるべき姿とは？」総合教育技術，2014.3, 10-13.

2) 「幼児期の教育と小学校教育の円滑な接続の在り方について（報告）」平成22年11月，幼児期の教育と小学校教育の円滑な接続の在り方に関する調査研究協力者会議 http://www.mext.go.jp/component/b_menu/shingi/toushin/__icsFiles/afieldfile/2011/11/22/1298955_1_1.pdf

68　第4章　小学校への移行準備とアプローチ・カリキュラム

　上記〈報告〉から4年経った平成26年度の幼児教育実態調査[3]では市町村ごとの幼小接続状況が示されていますが，ステップ0が168市町村（9.6%），ステップ1が136市町村（7.8%）と未だに2割弱の市町村が連携・接続に着手していません。平成24年度の調査ではステップ0が187市町村（10.7%），ステップ1が151市町村（8.7%）であったことを考えると，この2年間でわずか2%の市町村しか着手していないということになります。接続の重要性は認識されているのに，なかなか実行されない理由の1つに，本書と関わる重要な要因があると思います。それは先の報告で幼小接続は，単なる子ども同士，教員同士の交流ではなく，教育課程の編成に関して連携を取ることが提言されているということです。

　この章では，教育課程の編成において幼小接続を図るということのポイントを押さえつつ，これまでの章で練習した指導計画の立て方を，教育課程（カリキュラム）を考案する方法に応用することを考えてみたいと思います。

(1)〈報告〉で示されている指導計画作成上の留意点

　〈報告〉のなかでは，幼児期と児童期の教育を接続するためには「連続性・一貫性」を確保し，接続の構造を体系的に理解することが重要視されています。そのために，「教育の目的・目標」→「教育課程」→「教育活動」の順に展開する3段構造で捉えることが提唱されています。このなかで教育課程の編成内容として期待されていることは，幼児期の終わりと児童期の初期において，次のように示されています。

幼児期の終わり；
　自覚的な学びの芽生え
　クラスの共通の目標の意識

---

　3)「平成26年度幼児教育実態調査」平成27年10月，文部科学省初等中等教育局幼児教育課.
http://www.mext.go.jp/b_menu/houdou/27/10/__icsFiles/afieldfile/2015/10/28/1363377_01_1.pdf

自分の役割の理解

集団の一員としての自覚

遊びを通して学んできた知・徳・体の芽生えの総合化

児童期の初期；

学校の時間感覚や集団行動のきまりを理解・遵守

自分の興味・関心に基づいた活動に夢中になって取り組む

課題を発見，調べることで学習を深める

これらを達成するような教育課程編成上の留意点では，幼児期から児童期にかけて次の「3つの自立」を養うことが必要とされています。

「学びの自立」……自分にとって興味・関心があり，価値があると感じられる活動を自ら進んで行うとともに，人の話などをよく聞いて，それを参考にして自分の考えを深め，自分の思いや考えなどを適切な方法で表現すること。

「生活上の自立」……生活上必要な習慣や技能を身に付けて，身近な人々，社会及び自然と適切にかかわり，自らよりよい生活を創り出していくこと。

「精神的な自立」……自分のよさや可能性に気付き，意欲や自信をもつことによって，現在及び将来における自分自身の在り方に夢や希望をもち，前向きに生活していくこと。

この「3つの自立」の養成とともに，児童期には「学力の3つの要素」とよばれる「基礎的な知識・技能」「課題解決のために必要な思考力，判断力，表現力等」「主体的に学習に取り組む態度」を培うことが求められていきます。

次に，教育課程を教育活動に落とし込む際に作成する指導計画についても，次のように留意点が挙げられています。

人とのかかわりにおける留意点；

幼児期……クラス・グループ全員で達成感をもってやり遂げる活動を計画的に進める。

活動要素；教職員が方向付けた課題を自分のこととして受け止める。相談・互いの考えに折り合いをつける。

児童期……集団規範性の形成を図る活動を計画的に進める。

活動要素；与えられた課題について，友達と助け合う，自分の役割をしっかり果たす。

ものとのかかわりにおける留意点；

幼児期……これまでの生活や体験の中で感得した法則性，言葉や文字，数量的な関係などを組み合わせて課題を解決，場面に応じて適切に使う。

児童期……日常生活に必要な基礎的な国語の能力，数量的な関係の正しい理解と基礎的な処理能力，自然事象についての実感的な理解と基礎的な能力，身近な自然物や人工の材料の形や色などから発想・構想の能力などの育成を図る。

　その他，人やものとの関わりを支える言葉や表現の重視，小学校入学時のスタート・カリキュラム編成上の留意点が挙げられています。

　このように教育課程の編成や指導計画の作成についての留意点を見てみると，連携型認定こども園教育・保育要領との連続性に気づきます。それは，発達を「依存から自立へ」という方向性で捉えるという点にあります。個々の活動によって育まれる能力やスキルは，「やってみせる（モデルになる）・やってあげる」から「見守る」へと保育者の役割が変わるなかで，子どもに獲得されていきます。そして，接続期までに保育者は「学びの自立」「生活上の自立」「精神的な自立」を子どもが達成するように働きかけていくことになります。3つの自立のなかで，最初の

2つはこれまで言われてきたことですが,「精神的な自立」というのはあまり馴染みのない領域のように思います。これはおそらくキャリア教育の土台ではないかと思われます。平成23年1月にキャリア教育の実践における方向性を定めた中教審答申が出されました[4]。この答申では,幼児期からのキャリア教育が正式に位置づけられました[5]。学校の進路指導とは異なるライフ・プランニングの要素を強く打ち出したキャリア教育は,幼児期から「自分がどうなりたいのか」に気づく機会をもつことが必要となります。したがって,上記「精神的な自立」という内容が求められてくるのではないでしょうか。つまり,幼児期の教育課程は狭義の意味での「学校への適応」だけを目指すのではなく,どのように生きていくのかの基礎づくりといった大きな課題が含まれるということです。そうであるならば,当然保育者だけで見通しをもった教育課程の編成を考えるには限界があるので,小学校との連携が前提となるのです。

　ところが実際には,平成26年度の教育課程の編成にあたり,平成25年度に小学校と連携をした幼稚園は全体の54.8%（公立69.6%,私立46.3%）でした[6]。未だ約半数の幼稚園が教育課程の編成においては小学校との連携が実施されず,おそらく省庁の管轄が異なる保育所ではさらに低い実施率になるでしょう。なぜこのように教育課程の編成において連携が難しいのでしょうか。筆者は原因が2つあると考えています。1点目は,小学校教諭と保育者だけで連携しようとすると,小学校が主導になることです。そうなると,学習指導要領というナショナル・カリキュラムに支えられている学校文化への適応が,幼児期の就学準備の目指すところとなってしまい,教科教育の基礎や学校文化固有の環境への慣れ（決められた机や椅子の使用,時間の区切り,場所の呼称など）が活動内容となってしまいます。大人側からは分かりやすい内容なので設定し

---

　4)「今後の学校におけるキャリア教育・職業教育の在り方について（答申）」平成23年1月,中央教育審議会 http://www.mext.go.jp/b_menu/shingi/chukyo/chukyo0/toushin/1301877.htm
　5) 詳細は,山本（2014b）参照。
　6) 前掲「平成26年度幼児教育実態調査」。

がちですが，小学校で学習する内容の先取りが就学前の教育内容ではありません。この非対称性に関する認識のずれが保育者にとっては「我慢ならない」状況を作り出すことがしばしばあるようです。齋藤（2014）が指摘しているように，アプローチ・カリキュラムは教育の前倒しをおこなう場ではなく，学びの構えや基礎力を育成する場にするという共通認識をもつための機会なのだと思います。

　2点目は，行き過ぎた「見守る保育」「寄り添う保育」です。具体的に言うと，保育の世界では子どもの自発性を尊重するあまり，「させる」という言葉使いはもちろんですが，「指導」や「発達を引き上げる」という大人の先導性を表す言葉を極端に嫌う風潮があります。その価値観からすれば，単元や教育課程という言葉ですら抵抗を感じるはずです。上述した連携型認定こども園教育・保育要領の発達観で言えば，見守ったり寄り添ったりするのは，自立の一歩前ぐらいからでしょう。それまでは依存，つまり大人が手を貸してやらなければできない状態にあるのです。その手をどう差し出すのか，いつまで差し出すのかを偶然ではなく，意図的に計算しておこなうということが教育課程の編成や指導計画の作成なのではないでしょうか。

　上記2点とも大人の側の問題です。子どもの事情ではありません。オーストラリアのスターティング・スクール調査プロジェクトは，現在の日本でも該当する次のような知見を発表しています（Dockett & Perry, 2001）。それは，「指導者や保護者といった幼児教育から小学校への移行に関与する大人たちは，子どもが重要だと考えていることとはかなり違ったことを重要だと考えている。子どもは主に学校が機能するために知っておく必要があるルールに注目していると同時に，学校へ行くこと自体がどんな感じなのかに注目している。それは友達の存在そのものであり，学校を友達とともにいるところ，あるいは友達が作れるところであるという期待である」ということです。幼児教育の指導者は，子どもが教師の注意や説明を集団のなかで共有し，そして自立が求められる一方で指示に従うこと，つまり集団のなかの一部として活動できるようにな

るいわゆる社会適応を重要視し，また保護者は，自分の子どもが自分たち以外の大人と慣れない環境でうまくやっていくことを重要視していると指摘しています。

　おそらく立場の異なる大人たちが接続するためには，子どもたちの目線に立って「学校へ行く」ことの意味づけを考えることと，将来的に子どもが自分の生活を自分で創り維持できるような「自立」像を共有することが必要なのだと思います。

(2) アプローチ・カリキュラムを作成するための基盤づくり

　接続に関する保育者の教育課程の編成に関する具体的な仕事と言えば，年長児の後半から就学に向けての準備教育であるアプローチ・カリキュラムを作成することになります。研修や学生の実習巡回の際に保育現場の話を伺うと，アプローチ・カリキュラムは作成しています，とおっしゃる管理職の方が多いです。しかし内実を聞いてみると，それは公立保育所だけで研修として作っていますとか，いちばん近くの小学校と合同で活動をしていますといった内容です。〈報告〉で提言されているような，次年度の教育課程編成時に保幼小で内容をすり合わせるような水準ではなかなか実施しがたいのだと思います。

　その水準での接続を阻む最大の障壁は，上述した小学校学習指導要領と，幼稚園教育要領・保育所保育指針・幼保連携型認定こども園教育・保育要領との質的な違いにあると言われています。〈報告〉では，「児童期については小学校学習指導要領において育つべき具体的な姿が示されているのに対し，幼児期については幼稚園教育要領や保育所保育指針からは具体的な姿が見えにくいという指摘がある」（p.22）として，その改善のために「幼児期の終わりまでに育ってほしい幼児の具体的な姿（参考例）」を挙げています（Table4-1）。

　それぞれの例は，やはり1つの例文に複数の意味内容が含まれており，第2章で練習したように到達目標への変換の作業が必要となる抽象

74 第4章 小学校への移行準備とアプローチ・カリキュラム

Table4-1 幼児期の終わりまでに育ってほしい幼児の具体的な姿（参考例）

（「幼児期の教育と小学校教育の円滑な接続の在り方について（報告）」（平成22年11月）より抜粋）

内容	（例）
（イ）健康な心と体	・体を動かす様々な活動に目標をもって挑戦したり，困難なことにつまずいても気持ちを切り替えて乗り越えようとしたりして，主体的に取り組む。 ・いろいろな遊びの場面に応じて，体の諸部位を十分に動かす。 ・健康な生活リズムを通して，自分の健康に対する関心や安全についての構えを身に付け，自分の体を大切にする気持ちをもつ。 ・衣服の着脱，食事，排泄などの生活に必要な活動の必要性に気付き，自分でする。 ・集団での生活の流れなどを予測して，準備や片付けも含め，自分たちの活動に，見通しをもって取り組む。
（ロ）自立心	・生活の流れを予測したり，周りの状況を感じたりして，自分でしなければならないことを自覚して行う。 ・自分のことは自分で行い，自分でできないことは教職員や友達の助けを借りて，自分で行う。 ・いろいろな活動や遊びにおいて自分の力で最後までやり遂げ，満足感や達成感をもつ。
（ハ）協同性	・いろいろな友達と積極的にかかわり，友達の思いや考えなどを感じながら行動する。 ・相手に分かるように伝えたり，相手の気持ちを察して自分の思いの出し方を考えたり，我慢したり，気持ちを切り替えたりしながら，わかり合う。 ・クラスの様々な仲間とのかかわりを通じて互いのよさをわかり合い，楽しみながら一緒に遊びを進めていく。 ・クラスみんなで共通の目的をもって話し合ったり，役割を分担したりして，実現に向けて力を発揮しやり遂げる。
（ニ）道徳性の芽生え	・相手も自分も気持ちよく過ごすために，してよいことと悪いこととの区別などを考えて行動する。 ・友達や周りの人の気持ちを理解し，思いやりをもって接する。 ・他者の気持ちに共感したり，相手の立場から自分の行動を振り返ったりする経験を通して，相手の気持ちを大切に考えながら行動する。
（ホ）規範意識の芽生え	・クラスのみんなと心地よく過ごしたり，より遊びを楽しくするためのきまりがあることが分かり，守ろうとする。 ・みんなで使うものに愛着をもち，大事に扱う。 ・友達と折り合いをつけ，自分の気持ちを調整する。
（ヘ）いろいろな人とのかかわり	・小学生・中学生，地域の様々な人々に，自分からも親しみの気持ちを持って接する。 ・親や祖父母など家族を大切にしようとする気持ちをもつ。 ・関係の深い人々との触れ合いの中で，自分が役に立つ喜びを感じる。 ・四季折々の地域の伝統的な行事に触れ，自分たちの住む地域に一層親しみを感じる。

（2）アプローチ・カリキュラムを作成するための基盤づくり 75

内容	（例）
（ト）思考力の芽生え	・物との多様なかかわりの中で，物の性質や仕組みについて考えたり，気付いたりする。 ・身近な物や用具などの特性や仕組みを生かしたり，いろいろな予想をしたりし，楽しみながら工夫して使う。
（チ）自然とのかかわり	・自然に出会い，感動する体験を通じて，自然の大きさや不思議さを感じ，畏敬の念をもつ。 ・水や氷，日向や日陰など，同じものでも季節により変化するものがあることを感じ取ったり，変化に応じて生活や遊びを変えたりする。 ・季節の草花や木の実などの自然の素材や，風，氷などの自然現象を遊びに取り入れたり，自然の不思議さをいろいろな方法で確かめたりする。
（リ）生命尊重，公共心等	・身近な動物の世話や植物の栽培を通じて，生きているものへの愛着を感じ，生命の営みの不思議さ，生命の尊さに気付き，感動したり，いたわったり，大切にしたりする。 ・友達同士で目的に必要な情報を伝え合ったり，活用したりする。 ・公共の施設を訪問したり，利用したりして，自分にとって関係の深い場であることが分かる。 ・様々な行事を通じて国旗に親しむ。
（ヌ）数量・図形，文字等への関心・感覚	・生活や遊びを通じて，自分たちに関係の深い数量，長短，広さや速さ，図形の特徴などに関心をもち，必要感をもって数えたり，比べたり，組み合わせたりする。 ・文字や様々な標識が，生活や遊びの中で人と人をつなぐコミュニケーションの役割をもつことに気付き，読んだり，書いたり，使ったりする。
（ル）言葉による伝え合い	・相手の話の内容を注意して聞いて分かったり，自分の思いや考えなどを相手に分かるように話したりするなどして，言葉を通して教職員や友達と心を通わせる。 ・イメージや考えを言葉で表現しながら，遊びを通して文字の意味や役割を認識したり，記号としての文字を獲得する必要性を理解したりし，必要に応じて具体的な物と対応させて，文字を読んだり，書いたりする。 ・絵本や物語などに親しみ，興味をもって聞き，想像をする楽しさを味わうことを通して，その言葉のもつ意味の面白さを感じたり，その想像の世界を友達と共有し，言葉による表現を楽しんだりする。
（ヲ）豊かな感性と表現	・生活の中で美しいものや心を動かす出来事に触れ，イメージを豊かにもちながら，楽しく表現する。 ・生活や遊びを通して感じたことや考えたことなどを音や動きなどで表現したり，自由にかいたり，つくったり，演じて遊んだりする。 ・友達同士で互いに表現し合うことで，様々な表現の面白さに気付いたり，友達と一緒に表現する過程を楽しんだりする。

第4章　小学校への移行準備とアプローチ・カリキュラム

豊かな感性と表現をはぐくむ活動

・この時期は，手先を使った遊びの経験を積み，より細やかな作業ができるようになってきます。また，いろいろな製作活動において「本物らしく作りたい」「イメージ通りにしたい」という気持ちが高まります。
・これまでの経験や自然体験を通しての感動を生かして，個人作品や共同作品を作成し，自分なりの表現ができた喜びを実感できるようにすることが大切です。

事例8 葉っぱを描こう（体験を表現に変えていく活動）：アプローチカリキュラム【学びの芽生えの軸】

実施時期	5歳児 11月
ねらい	・自分なりに感じたまま表現することを楽しむ。
これまでの経験	・木と話をしよう。・グループで木のビンゴゲームに挑戦し様々な木の特徴に気付く。 ・いろはもみじの木を絵の具で表現する。（クラスで全体の製作） ・グループで一本の木を描く。 ・お気に入りの落ち葉を拾い，自分の気に入っているところや特徴を伝え合う。 ・葉っぱを見ながら特徴を捉えて描く。
環境の構成	・納得のいくまで取り組めるように時間の確保をする。 ・子どもの自発性に応じて，それぞれのタイミングに合ったところで表現活動に入ることができるようにする。 ・細かい表現をするために，筆ペンや先のとがった筆を用意する。 ・見て感じた色が出せるように，葉っぱを見ながら子どもと共に色を選び，トレイに出していく。

子どもの姿	活動の中で経験している内容
・木と触れ合い，命を感じ，木が身近なものになっている。 ・葉っぱを手に取った時，いろいろな角度から見，頬に当てたり，匂いを嗅いだり，いろいろな方法で，その特徴を捉えようとしている。その動きには，木の一部である葉にも，愛情をもっていることがうかがえる。 ・描き始めると，顔を近づけ，自分と葉っぱとの世界を作るかのように，表現の世界に入り込んでいる。	・直接木や葉に触れ，色・肌触り・形など，様々なことに着目する。学びの芽生え ・見て描く経験を積み重ね，更に細かい所に注目するようになる。学びの芽生え ・友達と気付いたことや，疑問に思ったことを共有することに喜びを感じる。人とのかかわり ・自分や友達の作った作品が大好きになり，達成感や満足感を味わう。人とのかかわり

援助のポイント

・発見や感動を保育者も共有すると共に，周りの友達にも伝え，知らせていく。
・それぞれのこだわりや，表現したいことをくみ取りながら，アドバイスをしていく。
・それぞれのペースやこだわりを大切にし，納得のいくまで取り組むことができるようにする。

幼児期からつながる小学校での学びや育ち

・身近な自然物の形や色などに関心をもち，思いのままに造形的な活動に取り組む。
・感覚や気持ちを生かしながら楽しく表現する。
・身近な自然を観察したり，季節にかかわる活動を行ったりすることで，四季の変化や季節によって生活が変わることに気付く。

葉っぱを描く

うーん，どの色を混ぜようかな。
ぴったりの色は，っと…。

資料4-1　高知市アプローチ・カリキュラム事例

度だと思います。しかし，この改善策は，「逆向き」に指導計画を設計する方法を活用するにあたって，非常に都合が良いのです。つまり，卒園時の姿，最終ゴールの表現の仕方を（参考例）として挙げているのです。あとは第2章の手順で考えていけば，「逆向き」の設計と〈報告〉の提言が重なって実現可能となります。ここが重要なポイントですが，筆者はアプローチ・カリキュラムを通常の指導計画とは別に作成するものとは考えていません。基本的には「全体的な計画」の年長児9, 10月から卒園までの期間がアプローチ・カリキュラムにあたるのであって，「全体的な計画」の到達点を小学校のスタート地点として共有できるのであれば良いのだと思います。

　ただし，1点だけアプローチ・カリキュラムにおける指導計画で意識して取り組めると，指導者側に有益なことがあります。それは第3章にも書かれていますが，その活動が小学校のどの単元の学習内容の基礎として位置づくのかを明記するという方法です。資料4-1は高知市のアプローチ・カリキュラム事例集のなかの1つです[7]。いちばん下の欄の「幼児期からつながる小学校での学びや育ち」は小学校の教育課程とのつながりを記すよう工夫がされています。もう一歩進めて，具体性をもつために小学校の学習指導要領から単元を拾うとよりイメージしやすくなるかと思います。実際には学習指導要領のページをめくりながら自分の指導計画を立てる作業は，「この単元はいつもクラスでやっているあの活動とつながる」あるいは「この指導目標ならこの活動にちょっと工夫を加えればできそう」といった活動や環境を構成するヒントと方向性を与えてくれるものであると思います。小学校のカリキュラムは敷居が高いと感じている保育者もいるようですが，手元において眺めてみればすぐ慣れますし，むしろ「何を目指して計画するのか」がぶれないようにするために，積極的に活用してみるとよいと思います。間違いなく指

---

　7)「アプローチカリキュラム・スタートカリキュラム事例集」平成26年1月，高知市　https://www.city.kochi.kochi.jp/soshiki/77/hyr03.html

導計画に採りいれる内容の幅が広がると同時に，記述の具体性も増していくはずです。

（3）保育と教育の繋ぎ目を考える

　数年前の話ですが，ある幼稚園の園長経験者が大学生に幼小接続の経験を語るのを聞いて，驚いたことがありました。小１プロブレムと言われる学校で授業が成立しない状況について幼小で話し合う機会があったときに，適応できていない複数の子どもたちへの対応について，その先生を含め幼稚園関係者の数名は，「この子たちはじっとするなんて無理なのだから，（小学校の）先生たちがおもしろい話をしてやって。お勉強なんて無理」と発言したということでした。幼稚園でのクラス運営は個別に対応する形で何とか乗り切れたから，小学校も個別対応で「おもしろい話」だけをしていれば良いということなのでしょう。

　この状況に遭遇したとき，保幼小接続を困難にしている問題の根の深さを感じました。平成21（2009）年の保育所保育指針改訂から保育新制度に向けて，保育と教育の一体的提供が主張されてきました。保育所で長年勤務されてきた先生に話を聞くと，やはり「教育」という言葉に少なからず抵抗を覚える方もいらっしゃいますし，指導計画や自己評価，指導要録といったいわゆる「書き物」の多さに閉口されていることにも共感します。それに加えて，やはり福祉施設であるので子ども一人ひとりの生活背景にも目を配り，その子どもに問題があれば，生活背景との因果関係で解釈しようと試みます。一方，幼稚園の関係者は「幼稚園は教育機関である」ということと，「幼児期には幼児期の教育内容がある」ということで，小学校以上の学校文化とは異なる園文化が要求されます。そのなかで，先の例のようにクラス活動に適応できない子どもたちが増加することにともない，個別対応にも追われます。どちらも「しんどさ」をますます抱え込むようになっているなかで，就学までにある程度「学校での学び」に対して準備ができていないことを小学校からは問

題視されるわけです。

　こうした負担感から「無理」の一言で先送りしたい心情は分かるのですが，その先送りは中学，高校，そして大学へと先送りすることにつながり，それが社会に出て「結果」を求められる状況になったときに，耐性の無さが退職，そして経済的自立の困難や貧困にまでつながっているように思えるのです。幼児期からキャリア教育と言われている昨今，ここは少しでも前向きに解決を図るような体制を整えることが必要なのではないでしょうか。これまでの章で述べたように，指導計画に対して到達度評価の考え方がもち込めれば，就学準備の取り組みに関しても「取り組んではいるけれど効果があったかどうかは分からない」という状況からは抜け出せると思います。就学準備ができていない個別対応が必要な子どもの状態が改善される保証はありませんが，少なくとも「うまくいかなかった」ことと「どうすれば少しでも改善されるのか」を考え続ける機会は提供されるでしょう。

　先述したように，保育所だけ，幼稚園だけ，小学校だけという形で，連携のための準備をしている状況から抜け出すためには，各自治体の牽引力が重要だと思われます。一前・秋田（2012）は，2011 年 3 月段階で入手可能であった 9 自治体の接続期カリキュラムを分析しています。そのなかで，保幼小だけではなく，教育委員会を中心とする自治体が接続期カリキュラムの開発・改善に積極的に関与していくことが求められると述べています。また「カリキュラムの具現化」に関する分析を通じて，自治体のスタンスが次の 2 つに分類され，それぞれの問題点を指摘しています。

　1. 自治体がカリキュラムの基準・視座は示すが，実践については保幼小に任せる。
　子どもの姿から必要とされるカリキュラム内容を抽出する実践者の力量を高める工夫が必要となる。
　2. 指導案や資料等も示したうえで自治体全体としての共通化を図る。

提示されたカリキュラムを実際の保育・教育に最適化する実践者の能力を高めることが必要となる。

　この指摘から分かることは，作成の自律性が自治体にあろうと実践者にあろうと，実践者の能力を高める必要があるということと，自治体の深い関与と先導性が連携の前提にあるということです。

　筆者は，保育新制度や待機児童解消加速化プランに，自治体の「手あげ方式」が採用されていることから，自治体による格差が生じる可能性を指摘しています（山本, 2014c）が，ここ数年ゼミで地域連携事業を受託し学生と調査をおこなっているなかで，各市町の行政担当者の問題意識によって，実践を支える体制の格差が生じている現状を目の当たりにしてきました。先に紹介した高知市の取り組みでも，市の教育委員会が実態等調査に着手し，連携の取り組みの必要性を実践者に理解してもらうために学校や園を訪問するという手続きが，平成10（1998）年度に高知市幼児教育推進協議会の設置以前にすでにおこなわれていました[8]。こうした自治体の取り組みと実践者に対する先導性が，地域全体を巻き込んで，子どもたちの将来に責任をもって諸問題に対処していく原動力であると思います。さらにキャリア発達と職業アイデンティティの視点から見ても，保幼小の壁は相当厚いものがあります。したがって，どの職業文化圏からも一歩引いたところにいる自治体担当者の役割は非常に大きく，一見同業種に見える異業種間のコーディネート能力如何で，実践者の経験と能力が連携に生かされるのか，あるいは余計な仕事の負担だけ増えてこれといった効果もなく終わるのかが決まるのではないでしょうか。地域の子どもたちがどのような大人になってほしいのか。それは人口減少や流出が問題となっている自治体にとっては，まず考えなければいけないテーマなのだと思います。

---

　8) のびのび土佐っ子【保・幼・小連携】プログラム　保・幼・小連携実践事例集．第3章資料編．
https://www.city.kochi.kochi.jp/soshiki/77/hoyoshorenkei.html

引用文献

Carr, M.　2001　*Assessment in early childhood settings: Learning stories.* Sage.（カー, M.　大宮勇雄・鈴木佐喜子（訳）　2013　保育の場で子どもの学びをアセスメントする：「学びの物語」アプローチの理論と実践. ひとなる書房.）

DfE（Department for Education）　2008　Statutory framework for the early years foundation stage: Setting the standards for learning, development and care for children from birth to five.（http://webarchive. nationalarchives. gov. uk/20130401151715/http://www. education. gov. uk/publications/eOrderingDownload/eyfs_res_stat_frmwrk. pdf）

Dockett, S. & Perry, B.　2001　Starting school: Effective transitions. *Early Childhood Research & Practice, 3*（2）, 1-19.

Hendrick, J.（Ed.）　1997　*First steps toward teaching the Reggio way*（1st ed.）Prentice-Hall.（ヘンドリック, J.（編）石垣恵美子・玉置哲淳（監訳）　2000　レッジョ・エミリア保育実践入門：保育者はいま，何を求められているか. 北大路書房.）

一前春子・秋田喜代美　2012　地方自治体の接続期カリキュラムにおける接続期とカリキュラムの比較. 国際幼児教育研究, *20*, 85-95.

神谷栄司　2007　保育のためのヴィゴツキー理論：新しいアプローチの試み. 三学出版.

鯨岡　峻　2012　エピソード記述を読む. 東京大学出版会.

鯨岡　峻・鯨岡和子　2007　保育のためのエピソード記述入門. ミネルヴァ書房.

McTighe, J. & Wiggins, G.　2013　*Essenntial questions: Opening doors to student understanding.* ASCD books.

森　眞理　2013　レッジョ・エミリアからのおくりもの：子どもが真ん中にある乳幼児教育. フレーベル館.

無藤　隆　2009　幼児教育の原則：保育内容を徹底的に考える. ミネルヴァ書房.

内閣府・文部科学省・厚生労働省　2014a　幼保連携型認定こども園教育・保育要領.

内閣府・文部科学省・厚生労働省　2014b　幼保連携型認定こども園教育・保育要領解説.

西岡加名恵　2005　ウィギンズとマクタイによる「逆向き設計」論の意義と課題. カリキュラム研究, *14*, 15-29.

西岡加名恵　2008　「逆向き設計」で確かな学力を保障する. 明治図書.

西岡加名恵　2013　「逆向き設計」論との出会い：『理解をもたらすカリキュラム設計』を翻訳して. 教育方法の探求, *16*, 1-8.

Nutbrown, C.　2006　*Threads of thinking: Young children learning and the role of early education*（3rd ed.）Sage.

齋藤和代　2014　幼稚園と小学校の連携による小1プロブレムの対応. 教育と医学, *4*, 29-37.

Shaklee, B. D. & Viechnicki, K. J.　1995　A qualitative approach to portforios: The early assessment for exceptional potential model. *Journal for the Education of the Gifted*, *18*(2), 156-170.

Shaklee, B. D., Barbour, N., Ambrose, R. P., & Hansford, S.　1997　*Designing and using portfolios*. Boston: Allyn & Bacon.（シャクリー，B. D., バーバー，N., アンブロース，R., ハンズフォード，S.　田中耕治（監訳）　2001　ポートフォリオをデザインする：教育評価への新しい挑戦. ミネルヴァ書房.）

白石淑江　2009　スウェーデン 保育から幼児教育へ：就学前学校の実践と新しい保育制度. かもがわ出版.

Silberfeld, C. H. & Horsley, K.　2014　The early years foundation stage curriculum in England: A missed opportunity? In L. Ang (Ed.), *The early years curriculum: The UK context and beyond*. Routledge. pp.12-31.

田中敏明　2014　幼稚園・保育所指導計画作成と実践のためのねらいと内容集. 北大路書房.

Wiggins, G. & McTighe, J.　2005　*Understanding by design*. Expanded 2nd Edition. ASCD; Association for Supervision and Curriculum Development.（ウィギンズ，G., マクタイ，J. 西岡加名恵（訳）　2012　理解をもたらすカリキュラム設計. 日本標準.）

山本　睦　2011　いま目の前にある「あたりまえ」を見つめなおす：K. J. ガーゲン『社会構成主義の理論と実践』. 山本　睦・加藤弘通（編）ひとつ上をいく卒論・修論を書くための心理学理論ガイドブック. ナカニシヤ出版. pp.103-113.

山本　睦　2014a　ポートフォリオ評価法に基づく考察力育成のための授業方法の開発. 常葉大学保育学部紀要, *1*, 75-84.

山本　睦　2014b　創造性研究からみたキャリア教育の問題点. 山本　睦・前田晶子・古屋恵太（編）教師を支える研修読本. ナカニシヤ出版. pp.37-54.

山本　睦　2014c　認定こども園政策と保育者のキャリア支援. 山本　睦・前田晶子・古屋恵太（編）教師を支える研修読本. ナカニシヤ出版. pp.55-70.

おわりに

　筆者自身が研修の内容や方法を考えることに真剣に取り組める，また保育者としてキャリアを積むことについて研究することの背景には，大学で教えている学生たちに対して卒業後も保育者として〈働き続けること〉を支援できるようになりたいという思いがあります。仕事で不条理な目にあって泣きながら研究室に戻って来るゼミ生たちの話は，何十本のキャリア発達の論文を読むより得るものが大きいときもあるのです。保育者のキャリア継続の障害には，一般に言われる家庭との両立を迫られることで生じる女性が働き続けることの難しさもあるし，女性が多い職場に固有の「女性の敵は女性」という面倒なこともあります。保育学部で自分の教員としてのキャリアを蓄積するにつれ，卒業生たちもさまざまな選択の岐路に立たされるようになってきて，単に職場の戦力になることの支援を目指すだけではすまない状況になってきています。

　これから保育者は自分たちの専門性について，改めて問い直さなければならない状況を迎えると思います。1つには幼保一元化にともなう幼児教育の質の変化に対応するなかで，専門性を問い直すことが起きるでしょう。さらにもう1つには保育教諭と子育て支援員制度の導入によって，有資格の保育者のなかでも各自の職業アイデンティティが再編されることが予想されます。こうした資格制度に関する動向は職場の人間関係に直接影響を与えると同時に，保育者の退職や職場内のトラブルにつながる恐れもあります。つまり，これまで働いてきた保育者の〈常識〉からすると，非常に仕事がしづらい状況と感じやすくなるのではないかということです。

　では，微力ながら自分に何ができるかを考えると，クラス担任としての業務に自信をもって取り組むための支援をすることでした。自分のクラスを運営していくことは，うまくできればこれ以上ない職業達成感を

感じるけれど，自分の保育者としての力量に自信がもてなければこれ以上ない負担となります。有資格者が自信と誇りをもって仕事に取り組めるようになることは，保育者養成に携わるなかでキャリア研究をしている者としていちばん強く願うことです。その願いがこの本を通して少しでも叶ってほしいと思います。

　筆者の前回の単著（博士論文）から 10 年経って，この本の執筆となりました。その間に小学校の創造性評価から，保育者のキャリア発達，大学生のプロジェクト・ベースド・ラーニング（PBL）の教育効果へと研究テーマは変わりました。保育者養成に携わって 10 年で次の単著が出せればと思っていたのですが，その内容はやはり教育評価がテーマとなりました。違う研究領域に移ったと思っていても，専門とするところは変わりませんでした。しかし，院生時代の執筆と絶対的に異なるのは，書いた内容を伝えたい相手の顔が次々と浮かぶところです。学生たちはもちろん，研修の依頼からずっとお付き合いがある，あるいは調査のなかで本音を聴かせてくださる保育者のみなさん，そして一から保育を教えてくれた元園長先生たちの顔も思い浮かびました。この方々との関わりは，筆者にとっていちばんの財産になっています。

　今回も編集の労をとっていただいたナカニシヤ出版の山本あかねさんに心より感謝の意を表します。彼女と一緒に本を作っていくことを積み重ねるたびに，安心して企画を実現できる環境をいつも整えてもらえている幸せを感じます。そして，過酷な地域連携受託事業による調査，発表，報告書作成を繰り返すなか，心和むイラストを高度なパソコン技術で作成してくれた睦ゼミの〈天使〉池ヶ谷晴香さんに心から感謝します。

平成 28 年 4 月

山本　睦

索　引

あ

ヴィゴツキー（Vygotsky, L. S.）　4

アプローチ・カリキュラム　72
あらすじ　26
異業種間のコーディネート能力　80
生きる力の基礎　17
依存から自立へ　70
園での生活経験　34
園内研修　18
園の地域性　11 , 53

か

ゲゼル（Gesell, A.）　4

科学的思考の基礎　6
学習指導要領　51
学力の3つの要素　69
価値　47
学期計画　27
活動のピーク　27
環境の構成　45
逆向き設定　16
キャリア教育　71
キャリア発達　80
教育課程の編成　68
教科教育　45
行事　35
芸術教育　58
月間計画　27
現状把握　34
考察　41
構成主義の発達観　5
5領域　7

さ

才能教育　58
自己評価　12 , 52
自治体　80
指導計画の体系化　15
児童票　46
指導要録　46
社会の要請　11
就学準備　79
重点目標　7
職業アイデンティティ　80
スターティング・スクール調査プロジェクト　72
生活指導　47
生活習慣　35
成熟優位説　4
説明責任　58
全体的な計画　3
創造活動の評価　58

た

タイム・スケジュール　17
短期計画　5
知的好奇心　47
長期計画　5
到達度評価　53
到達目標　53
ドキュメンテーション　55

な

認定こども園　3

は

配慮が必要な子どもと対応　27
発達を見通す　51

PDCA サイクル　45
評価基準　47
ブレイン・ストーミング　18
保育新制度　i
ポートフォリオ評価法　5
保護者ニーズ　11

ま
学びの構え　56
学びの物語　56, 57
3つの自立　69
見通し　15
6つの決定事項　59
物語　42

や
幼児教育実態調査　67
幼保連携型認定こども園教育・保育要領　3
　——解説　4
幼小接続　68
予定調和的記述　52

ら
ライフ・プランニング　71
レッジョ・エミリア　55

わ
枠組み　47

【著者紹介】
山本 睦（やまもと ちか）
常葉大学保育学部保育学科教授。東京都立大学大学院人文科学研究科博士課程修了。博士（教育学）。主著に，『創造性と学校』（単著，ナカニシヤ出版，2005 年），『卒論・修論をはじめるための心理学理論ガイドブック』（共編著，ナカニシヤ出版，2007年），『ひとつ上をいく卒論・修論を書くための心理学理論ガイドブック』（共編著，ナカニシヤ出版，2011 年），『教師を支える研修読本』（編著，ナカニシヤ出版，2014 年）など。

保育教諭のための指導計画と教育評価

2016 年 5 月 10 日 初版第 1 刷発行	（定価はカヴァーに表示してあります）	
2024 年 4 月 20 日 初版第 3 刷発行		
著 者 山本 睦		
発行者 中西 良		
発行所 株式会社ナカニシヤ出版		

〒606-8161 京都市左京区一乗寺木ノ本町 15 番地
　　　　　　　Telephone　075-723-0111
　　　　　　　Facsimile　075-723-0095
Website　https://www.nakanishiya.co.jp/
E-mail　iihon-ippai@nakanishiya.co.jp
　　　　　　　郵便振替　01030-0-13128

装幀＝白沢 正／印刷・製本＝ファインワークス
イラスト＝池ヶ谷晴香
Copyright © 2016 by C. Yamamoto
Printed in Japan.
ISBN978-4-7795-1052-6
本書のコピー，スキャン，デジタル化等の無断複製は著作権法上での例外を除き禁じられています。本書を代行業者等の第三者に依頼してスキャンやデジタル化することはたとえ個人や家庭内の利用であっても著作権法上認められておりません。